Ensaio sobre o Trágico

Coleção ESTÉTICAS

direção: Roberto Machado

Kallias ou Sobre a Beleza
Friedrich Schiller

Ensaio sobre o Trágico
Peter Szondi

A Polêmica sobre "O Nascimento da Tragédia" de Nietzsche
Roberto Machado (org.)

PETER SZONDI

Ensaio sobre o Trágico

Tradução:
PEDRO SÜSSEKIND
Mestre em filosofia, PUC-RJ

Revisão técnica:
ROBERTO MACHADO
Professor titular do Instituto de Filosofia e Ciências Sociais/UFRJ

Jorge Zahar Editor
Rio de Janeiro

AGRADECIMENTOS DO TRADUTOR:

Ao professor Gert Mattenklott, diretor do Instituto de Literatura Comparada da Freie Universität de Berlim.

Ao Serviço Alemão de Intercâmbio Acadêmico (DAAD)

Título original:
Versuch über das Tragische

Tradução autorizada da segunda edição alemã revista publicada em 1964 por Insel Verlag, de Frankfurt am Main, Alemanha

Jorge Zahar Editor Ltda.
rua México 31 sobreloja
20031-144 Rio de Janeiro, RJ
tel.: (21) 2240-0226 / fax: (21) 2262-5123
e-mail: jze@zahar.com.br
site: www.zahar.com.br

Preparação de texto: André Telles
Capa: Miriam Lerner

CIP-Brasil. Catalogação-na-fonte
Sindicato Nacional dos Editores de Livros, RJ.

Szondi, Peter, 1929-1971
S994e Ensaio sobre o trágico / Peter Szondi; tradução Pedro Süssekind. — Rio de Janeiro : Jorge Zahar Ed., 2004
(Estéticas)

Tradução de: Versuch über das Tragische
Inclui bibliografia
ISBN 85-7110-783-1
1. O Trágico. 2. Tragédia – História e crítica. I. Título.

CDD 809.9162
04-0948 CDU 82-21

Sumário

Se você nos faz mal, ele nos vem de nós mesmos.
AGRIPPA D'AUBIGNÉ

Quando me considero a salvo, eu mesmo me firo.
JEAN DE SPONDE

Prefácio

1. O LIVRO

Peter Szondi comenta, numa carta de 1957 a seu amigo Ivan Nagel, que pretendia escrever nas férias de inverno uma análise do trágico no *Édipo Rei*, de Sófocles, e a estenderia, se tivesse tempo, a obras de Kleist, Hebbel e Schiller.[1] Assim começou a ser planejado o *Ensaio sobre o trágico*, que Szondi apresentaria quatro anos depois como tese de habilitação, na Universidade Livre de Berlim. Em sua versão definitiva, o trabalho inclui comentários sobre o conceito de trágico na obra de doze filósofos (entre eles Hebbel) e análises do conceito de trágico em oito tragédias (entre elas *Demétrio*, de Schiller, e *A família Schroffenstein*, de Kleist). O livro foi o segundo de Szondi a ser publicado (em 1961), seguindo os passos da sua tese de doutorado, *Teoria do drama moderno*, que foi defendida na Universidade de Zurique em 1954 e teve grande repercussão ao ser lançada em livro, três anos mais tarde.

A estrutura das duas teses é semelhante – com uma "Introdução" à primeira parte e uma "Transição" que antecede a segunda –, embora os temas sejam distintos. Curiosamente, ambas as introduções começam com as mesmas palavras: "Desde Aristóteles...". No primeiro livro, essa referência histórica serve para definir a maneira clássica de pensar os gêneros poéticos, a fim de indicar, em seguida, a mudança de concepção que possibilita uma teoria histórica sobre o drama moderno. A partir do conceito desse gênero específico, surgido na Inglaterra elisabetana e na França do século XVII, Szondi comenta a "crise do drama", as tentativas de "salvação" do gênero e de "solução" dessa crise, sempre com base na análise de obras da dramaturgia moderna. Já no *Ensaio sobre o trágico* a referência inicial, "Desde Aristóteles...", diz respeito à tradição da "poética da tragédia", como teoria normativa sobre gêneros artísticos. Essa tradição seria o modelo das poéticas escritas desde o período helenista até o final do século XVIII, quando Szondi localiza o início de uma "filosofia do trágico", que "sobressai como uma ilha" da tradição clássica e marca a estética dos períodos idealista e pós-idealista na Alemanha, a partir de Schelling.

Como a tese central da primeira parte do livro diz respeito à estrutura dialética do pensamento sobre o trágico na filosofia alemã, o editor Fritz Arnold, da Insel Verlag, chegou a escrever para Szondi propondo, além de algumas alterações no índice, a mudança do título para *Dialética do trágico*. As propostas foram recusadas pelo autor, que pretendia evitar a associação de sua obra à *Dialética do esclarecimento*, de Adorno/Horkheimer:

> No que diz respeito ao título, tenho que insistir na formulação original: "Ensaio sobre o trágico". Entendo que o título "Dialética do trágico" é mais interessante e esqueceria minhas objeções estilísticas se ele fosse correto. Mas não é. Pois no meu trabalho não se trata da dialética do trágico, mas do trágico como dialética. Seriam corretos títulos como "Tragicidade como dialética" ou "A dialética e o trágico" – mas um é muito programático ..., o outro parece o nome de uma fábula de La Fontaine.[2]

O índice também foi mantido de acordo com a versão inicial de Szondi, porque repetia a estrutura do seu primeiro livro. Essa repetição estrutural é, assim como a expressão idêntica no início das introduções, uma referência à base teórica comum nas duas obras. Tanto o *Ensaio sobre o trágico* quanto a *Teoria do drama moderno* se baseiam em uma certa compreensão histórica da estética moderna, que remete à obra de Aristóteles como início de uma longa tradição da poética dos gêneros (épico, lírico e dramático) e aos filósofos idealistas, sobretudo Hegel, considerado "o ponto mais alto do pensamento histórico e dialético".[3] Segundo Szondi, no final do século XVIII há uma transição da teoria aristotélica acerca de formas artísticas atemporais para uma reflexão filosófica sobre conteúdos determinados historicamente.

As poéticas clássicas, passando por Horácio, até a época do Iluminismo, resumiam-se a doutrinas normativas que, a partir da divisão da poesia em seus três gêneros, definiam o que eles eram e ensinavam como se devia escrever uma epopéia, um poema lírico ou um poema dramático. Com a filosofia da arte do Idealismo alemão, tanto os gêneros poéticos quanto os conceitos estéticos fundamentais (como o belo e o sublime) passaram a ser pensados em sua dialética histórica, dentro de sistemas filosóficos. Assim, os gêneros poéticos se integram ao sistema de Hegel – para mencionar o "ponto mais alto" dessa tendência – como exemplos históricos de uma realização artística dos conceitos de belo que caracterizam cada época. Em outras palavras, as estéticas idealistas pensam a unidade dialética entre a forma e o conteúdo: épico, lírico e dramático como configurações próprias às manifestações do belo e do sublime.

Essa mudança de fundamento definiria os rumos das teorias estéticas a partir do século XIX. Embora ainda continuem a ser escritas obras meramente normativas sobre os gêneros da poesia, a filosofia da arte passou a ocupar o terreno que antes era restrito às poéticas. Isso não significa que as definições acerca dos gêneros artísticos tenham sido excluídas da reflexão teórica sobre a arte, mas que elas foram integradas a um pensamento histórico e filosófico. A princípio, no Idealismo, essa integração pode ser caracterizada como uma sistematização, em que se buscam os conceitos gerais dos gêneros artísticos. Mas, no começo do século XX, o pensamento idealista abriu caminho para uma estética que se dedica mais à análise das obras de arte concretas do que à sua concepção especulativa. E essa análise, de base histórica, não se restringe aos gêneros poéticos, como demonstram os livros *Filosofia da nova música*, de Adorno, *Origem do drama barroco alemão*, de Benjamin e *Teoria do romance*, de Lukács – obras citadas por Szondi como referências para a filosofia da arte e a teoria da literatura.

No *Ensaio sobre o trágico*, a concepção estética desses autores influenciou sobretudo as análises de tragédias, na segunda parte, que se diferenciam estruturalmente dos comentários de obras filosóficas feitos na primeira parte. Szondi comentou essa diferença em uma carta ao editor Siegfried Unseld, da editora Suhrkamp, que em 1960 tinha enviado para ele algumas críticas ao manuscrito de sua tese. A principal exigência era a de uma definição própria do conceito de trágico, como se o objetivo do trabalho fosse o de oferecer uma nova concepção filosófica, após a exposição de diversas definições anteriores. Segundo Unseld, os comentários são pouco elaborados e as análises, muito concretas. Na resposta de Szondi há uma espécie de desconstrução das objeções, seguida por um esclarecimento dos objetivos do livro. Ele agradece pelos comentários, elogia sua precisão e argumenta:

> A objeção de que o trabalho é muito impessoal desconsidera o fato de que não sou um filósofo, por isso não é minha tarefa oferecer ao mundo uma concepção própria do trágico, nem tenho o direito de fazê-lo. Meus objetos são a filosofia do trágico e a poesia trágica. Talvez o senhor tenha criado essa expectativa com base no título provisório "O trágico", mas se engana a respeito de minhas metas (e com isso – *si j'ose dire* – a respeito do valor do trabalho) ao acreditar que eu teria tal pretensão.[4]

Em seguida é explicada a diferença entre os comentários da primeira parte e as análises da segunda. Num caso, trata-se de teorias filosóficas, portanto de textos conceituais abstratos, que tematizam conteúdos gerais; no outro, de obras de arte caracterizadas pela particularidade de seus personagens, ações e enredos específicos. E o método de Szondi é justamente o de escrever a partir de seus temas, colado a eles. Por isso os comentários são concisos e gerais, apenas para esclarecer o contexto e indicar a estrutura dialética, sem a pretensão de uma reflexão filosófica extensa sobre cada autor. Como Szondi anuncia na introdução, eles "não podem se aprofundar criticamente nos sistemas de que as determinações do trágico foram retiradas", como faria uma tese monográfica. Nesse caso, os comentários "têm que se contentar em perguntar pelo valor que o trágico assume na respectiva estrutura de pensamento, e assim reparar parcialmente a injustiça que esse pensamento sofreu quando dele se extraiu o texto citado". Seu objetivo é demonstrar como as diversas determinações do trágico se referem a uma estrutura comum a todas elas, embora essa estrutura não seja sempre evidente e, por isso, precise de uma interpretação mais elaborada no caso de alguns autores. Mas ela só tem sentido se as definições "forem lidas tendo em vista não a sua filosofia, mas a possibilidade de analisar tragédias com o auxílio delas, portanto na esperança de estabelecer um conceito universal do trágico".

As análises, por sua vez, são concretas e detalhadas, baseadas na especificidade de personagens e enredos das tragédias, sem ter em vista um conceito universal. Tal diferença se baseia sobretudo na teoria estética de Walter Benjamin, indicada no texto de "Transição" como uma resposta à crise por que passava a filosofia do trágico na virada do século XIX para o XX. Essa crise tem um caráter estrutural, já que haveria uma tragicidade inerente à história do pensamento sobre o trágico na filosofia alemã. Ou seja, o ponto de partida das teorias é a busca de um conceito universal, e no entanto, quanto mais elas se contentam com um conceito estabelecido, deixando de repensar a sua estrutura dialética – como no caso de Scheler, último autor comentado na primeira parte –, mais distantes elas ficam de apresentar o trágico.

Em seu livro *Origem do drama barroco alemão*, Benjamin renuncia a buscar um conceito universal do trágico e passa a estabelecer a relação entre a teoria da arte e seu objeto a partir da noção de "idéia", seguindo um caminho novo, diferente do que foi tomado pelos filósofos discutidos na primeira parte do *Ensaio*. Mas esse caminho não conduz de volta à tradição da poética clássica, pois, como afirma Szondi, "Benjamin não substitui a filosofia do trágico pela poética, mas pela filosofia da história da tragédia". Nesse caso, a análise de obras de arte não busca um conceito geral, nem exemplifica ou realiza um conteúdo definido previamente, mas revela uma configuração, ou uma "idéia" que só pode ser alcançada pela consideração histórica dessas obras. Assim, o método do livro de Benjamin sobre o drama barroco "é filosofia, porque pretende conhecer a idéia e não a lei formal da poesia trágica", diferenciando-se das poéticas normativas, "mas essa filosofia se recusa a ver a idéia da tragédia em um trágico em si, em algo que não esteja ligado nem a uma situação histórica, nem necessariamente à forma da tragédia, à arte em geral". É esse método benjaminiano, baseado na filosofia da história para pensar a arte, que orienta as análises de tragédias da segunda parte do *Ensaio sobre o trágico*. Como em seus outros escritos, anteriores e posteriores a esse livro, Szondi desenvolve uma teoria literária a partir de considerações sobre a forma, sobre os detalhes e sobre a linguagem dos textos que analisa.

2. O MÉTODO

A publicação de uma edição crítica das conferências, organizada a partir de 1973, contribuiu muito para o estudo da obra de Szondi, não só por dar acesso a suas reflexões sobre temas que não foram trabalhados especificamente em seus livros (como o drama lírico ou a teoria hermenêutica)[5], mas também pelos acréscimos aos trabalhos anteriores. O tema da transição de uma poética dos gêneros para uma filosofia da arte, por exemplo, foi retomado durante a década de 60 em vários cursos que constituem como que um desdobramento do *Ensaio sobre o trágico*. O questionamento permanece fiel aos objetivos desse livro, com análises de obras de arte e comentários de textos teóricos inseridos sempre no contexto de um pensamento histórico.

Dois volumes das conferências, intitulados *Poética e filosofia da história I* e *II*[6], são especialmente dedicados a esse tema. O primeiro livro começa com uma consideração geral sobre o conceito de poética, que procura mostrar a passagem da *poética normativa* do Iluminismo, baseada na tradição clássica, para uma *filosofia da arte* inaugurada pelos pensadores idealistas. Para demonstrar essa tese, grande parte do livro se dedica a uma análise bem detalhada das obras de Winckelmann, Herder, Moritz, Schlegel, Schiller, Hölderlin, Sartre e Hegel. Já em *Poética e filosofia da história II*, o tema da transição seria retomado em seu contexto restrito, ou seja, como passagem de uma *poética dos gêneros* normativa a uma *poética especulativa* que se insere nas estéticas posteriores ao período iluminista. Nesse caso, voltando-se mais uma vez para as análises concretas das obras, Szondi comenta especialmente a reflexão sobre os gêneros artísticos em Schiller e Goethe, depois a estética dos românticos e idealistas, sempre ressaltando a relação dessas teorias com as poéticas existentes desde Aristóteles.

No texto de abertura de seu primeiro curso sobre o tema, Szondi procura definir o assunto que será abordado:

> Como se deve entender aqui o termo "poética"? Poética é a doutrina da poesia ou a doutrina da arte poética, o que não significa exatamente a mesma coisa. Pois a doutrina da poesia apresenta uma teoria, portanto uma concepção, seguindo a etimologia, do que é a poesia, enquanto a doutrina da arte poética apresenta um ensinamento da técnica para o fazer poético, uma informação sobre como a poesia deve ser feita.[7]

A *Poética* de Aristóteles seria então, ao mesmo tempo, "uma resposta para a questão sobre o que é a poesia e uma instrução sobre como se deve escrever uma epopéia, um drama". Esse modelo normativo é seguido desde a *Arte poética*, de Horácio, até o *Ensaio de uma arte poética cristã*, que Gottsched publicou em 1730. Apenas no final do século XVIII ele começou a ser contestado por uma estética filosófica:

> Pois nas últimas décadas do século XVIII e nas primeiras do XIX constituiu-se, com grande diversidade, um outro gênero da poética, que não poderá ser abolido. Trata-se da poética filosófica, que não busca regras a serem empregadas na *praxis*, nem diferenças a serem consideradas na escrita, mas um conhecimento que se basta a si mesmo. Assim, a poética constitui uma parte da estética geral, pensada como filosofia da arte. Na época de Goethe, ela se torna cada vez mais um domínio dos filósofos.[8]

Até o período iluminista, as poéticas se baseavam na definição de formas preestabelecidas, atemporais, que prescreviam as regras para se obter o efeito visado por cada gênero artístico. Essa maneira de pensar caracteriza as teorias que têm como ponto de partida a noção de mímese e que, portanto, compreendem as obras de arte como imitações poéticas de ações humanas reais. Seu paradigma é a teoria aristotélica sobre a tragédia, na *Poética*, que orienta as teorias normativas segundo as quais cada obra de arte deve preencher os requisitos formais de seu gênero e se restringir ao tipo de objeto a ser imitado, para assim alcançar o efeito a que a criação artística visa. Por exemplo, no caso da tragédia, a forma seria a "imitação de ações elevadas" e o efeito seria a "catarse de terror e compaixão", concepções de Aristóteles discutidas intensamente nas poéticas do século XVIII.

No Iluminismo, as primeiras teorias estéticas modernas procuram se definir sempre em relação à Antigüidade, tomada ainda como modelo ou referência. A obra de Boileau, que influenciou toda a produção do teatro clássico francês, é um exemplo disso, assim como a reflexão estética sobre a arte grega de Winckelmann ou de Lessing, na Alemanha. Para Szondi, mesmo quando começam a questionar os padrões clássicos de beleza, como faz Schiller, as teorias da arte desse período continuam a se basear nas noções de efeito e imitação. Apenas com o projeto idealista de uma superação do Iluminismo a estética se liberta de seu caráter normativo e visa a um "conhecimento que se basta a si mesmo". Integrada aos sistemas estéticos de Schelling ou de Hegel, a reflexão sobre os gêneros poéticos não é uma determinação de formas e regras para escrever poesia, mas uma busca dos conceitos que estão por trás de cada gênero: como o conceito de belo, que encontra sua realização nas obras de arte de uma determinada época; ou o conceito de trágico, que em seu sentido filosófico é sempre pensado a partir de uma estrutura dialética. Nesse caso, uma *poética filosófica* investiga as tragédias como exemplos, a partir dos quais se pode extrair a concepção do trágico que, em vez de apenas determinar um gênero poético, diz respeito à relação dialética entre o absoluto e o individual, entre o divino e as suas manifestações, entre o universal e o particular. E, especialmente com Hegel, as formas da arte e os gêneros poéticos não são mais preestabelecidos, como regras atemporais, mas pensados em sua história, como manifestações próprias de cada época. Assim, a noção tradicional de mímese é contestada, pois as obras de arte seriam não cópias de objetos da natureza, mas manifestações, no mundo sensível e na história, do que existe de supra-sensível, ou seja, do absoluto, do divino, daquilo que está para além das coisas naturais. A estética, no sentido geral de um campo do pensamento que tem a arte por objeto, deixa de ser ligada apenas à determinação dos gêneros e ao ensino de sua produção, como algo distinto da reflexão epistemológica, e passa a ser compreendida propriamente como ciência do belo artístico e como *filosofia da arte*.

Essa questão da passagem das poéticas clássicas para as teorias estéticas posteriores ao Iluminismo é tematizada em muitos ensaios e cursos de Szondi, porque foi justamente a fundamentação filosófica dessa passagem que possibilitou, segundo a sua concepção, o surgimento da teoria literária delineada na Alemanha a partir do início do século XX, com Adorno, Benjamin e Lukács. A mudança no modo de pensar a arte, indicada na obra desses autores, determinou o método das teses de Szondi. Enquanto a *Teoria do drama moderno* indica o caminho a ser seguido em uma poética dos gêneros atual, o *Ensaio sobre o trágico* estabelece os parâmetros de uma teoria literária a partir do contexto de uma filosofia da arte de caráter histórico.

3. O AUTOR

Em 1988 o Arquivo Alemão de Literatura, em Marbach, recebeu o legado de Peter Szondi, que inclui cerca de 7.400 cartas – aproximadamente 4.900 recebidas e 2.500 escritas por ele –, além de fotos e manuscritos. Esse material está disponível para a consulta de pesquisadores, e a partir dele foi publicada, em 1993, uma seleção das cartas.[9] A publicação ofereceu aos leitores a possibilidade de conhecer melhor o trabalho e a vida de Szondi, sua personalidade e sua influência no meio intelectual dos anos 60. Mas se, por um lado, a leitura de sua correspondência complementa e enriquece com comentários as obras já publicadas, por outro lado revela muito pouco da vida pessoal de seu autor, extremamente discreto a esse respeito. Não há comentários sobre o passado, sobre a infância em Budapeste, onde ele nasceu, nem sobre a deportação de sua família para um campo de concentração em 1944 e o modo como escaparam para a Suíça. Os sentimentos e as impressões mais íntimas não se revelam explicitamente, ficam apenas indicados em meio a uma dedicação quase exclusiva ao estudo, à teoria literária e às atividades acadêmicas. As exceções a essa regra geral esboçam uma vida muito solitária e retirada, em que os limites entre a convivência social e o trabalho são tênues. Por exemplo quando Szondi, ainda um estudante na Suíça, comenta sua situação com um amigo: "Você precisa saber da angústia, do vazio e da solidão em que vivo...".[10] Quatorze anos depois, ao fazer um comentário semelhante, o autor adota um tom muito menos pessoal, referindo-se apenas ao seu trabalho: "Vivo em Grünewald [Berlim] trabalhando das 5h30 às 22h, provavelmente ainda mais retirado do que o senhor."[11]

Alguns temas são recorrentes nas cartas, escritas entre 1952 e 1971: as críticas e comentários acerca da teoria literária, os convites e as conferências no exterior, a criação do Departamento de Literatura Comparada em Berlim, depois as atividades como professor e diretor desse departamento, além do debate a respeito da política universitária (sobretudo em torno de 1968). Há uma correspondência constante com editores, ora para sugerir autores ou propor a criação de revistas literárias, ora para comentar as edições de seus próprios livros. E, entre os interlocutores, encontram-se também alguns dos mais importantes intelectuais da época, como Theodor Adorno e Gershom Scholem.

O debate ligado à teoria literária e sua publicação, às atividades acadêmicas e à política universitária tem como característica uma clareza lapidar na formulação dos argumentos, que caracterizava também os cursos de Szondi. Ele sempre é capaz de identificar precisamente as questões, defini-las, mostrar sua importância, seus objetivos e deficiências. Em todas as suas análises, dedica uma atenção especial à forma: o uso dos termos e conceitos, definidos a partir de seu contexto histórico, a maneira como uma opinião é expressa, a construção dos argumentos, a estrutura dos textos ou a composição das obras de arte. Essa riqueza dos debates teóricos contrasta com o caráter lacônico dos comentários sobre a vida pessoal. Ao lado da discussão acerca da estética e da filosofia da arte, em meio à defesa de posições ou à crítica a opiniões publicadas, quase não há espaço para esse tipo de abertura. Parece haver quase uma aversão a qualquer intimidade, como demonstra o caráter muito geral das observações sobre esses assuntos, que às vezes deixa transparecer uma profunda melancolia.

Se as cartas fazem referência às crises periódicas de depressão por que o autor passava, normalmente é para explicar ou lamentar sua improdutividade durante esses períodos – como ocorre em algumas das cartas para Adorno. Em dezembro de 1963, por exemplo, Szondi escreveu: "...no momento estou mais impossibilitado do que nunca de assumir as ocupações de um professor. Não estou muito bem. Há meses sou totalmente incapaz de levar adiante qualquer leitura séria ou trabalho."[12] Já em fevereiro de 1964, depois de ser convidado para fazer uma conferência em Frankfurt, ele comentaria: "Acabo de escrever duas páginas (as primeiras desde junho de 1963)..."[13] Mas esses problemas pessoais não impediram que a troca de cartas com Adorno resultasse em uma colaboração intensa no campo da filosofia e da teoria literária.

Szondi também se correspondeu por mais de dez anos com Paul Celan, um dos mais importantes poetas de língua alemã da segunda metade do século XX. Há muitos traços em comum na história dos dois escritores, ambos de famílias judias do leste europeu: Szondi nasceu na Hungria em 1929, e sua família foi deportada para um campo de concentração em 1944, por ser de origem judia; Celan nasceu na Romênia em 1920, também numa família judia, e seus pais foram deportados pelos nazistas durante a Segunda Guerra Mundial, enquanto ele ficou preso num campo de concentração. A família do primeiro escapou para a Suíça, onde ele fez seus estudos em filosofia e literatura. Já o segundo exilou-se voluntariamente em Paris depois da guerra, quando sua cidade foi ocupada pelos soviéticos, estudou literatura germânica na capital francesa, depois trabalhou como tradutor e professor de língua e literatura alemã da Ecole Normale Supérieure. Sua obra poética foi analisada em vários ensaios de Szondi, cujas idéias expostas em conversas, por outro lado, são citadas em alguns dos poemas de Celan.

O passado não é discutido explicitamente nas cartas, embora seja a matéria-prima da obra de Celan. Mas ele se manifestava nos momentos de crise experimentados com freqüência, na forma de uma melancolia ou de uma desilusão que talvez ajudem a explicar o destino semelhante que os dois autores teriam. Em 1967 Szondi escreveu a Celan uma carta em que comenta "não estar muito bem", fazendo referência a uma crise de depressão que duraria muitos meses. Na resposta, seu amigo o incentiva a superar essa crise: "Não perca a confiança, caro Peter! Sei por experiência própria quanta resistência e força de trabalho são exigidas de nós...".[14] Mas, pouco tempo depois, por volta de abril de 1970, o próprio Celan viria a se suicidar em Paris, atirando-se no rio Sena, e no ano seguinte Szondi também se suicidaria, em Berlim.

Pelas cartas publicadas, nota-se que a circunstância de ser um professor judeu em atividade na Alemanha depois da Segunda Guerra Mundial sempre foi algo determinante para Szondi, embora as questões ligadas à situação dos judeus na Alemanha, bastante discutidas, quase nunca apareçam em referência à sua história pessoal. A exceção se encontra numa carta a Scholem, escrita após uma viagem de alguns meses a Israel como professor visitante, em que o autor reflete sobre sua incapacidade de adaptação aos lugares onde viveu e trabalhou, referindo-se a si mesmo com o termo "*displaced person*", usado para designar as pessoas que tinham sobrevivido aos campos de concentração alemães.[15] No entanto ele sempre recusou os convites para trabalhar e viver em outros países, como Israel e os Estados Unidos. E um argumento decisivo para tal recusa se baseia na importância da língua alemã no seu trabalho, como professor e escritor: "o sentimento do quanto a língua alemã se tornou indispensável para mim, como meio de expressão e de conhecimento". Seria possível acrescentar: não só a língua, mas a cultura, a filosofia e sobretudo a literatura, sobre a qual Szondi produziu, nos ensaios e nos cursos, uma das análises teóricas mais ricas e abrangentes de seu tempo.

PEDRO SÜSSEKIND
Berlim, fevereiro de 2003

Introdução
Poética da tragédia e filosofia do trágico

Desde Aristóteles há uma poética da tragédia; apenas desde Schelling, uma filosofia do trágico.[1] Sendo um ensinamento acerca da criação poética, o escrito de Aristóteles pretende determinar os elementos da arte trágica; seu objeto é a tragédia, não a idéia de tragédia. Mesmo quando vai além da obra de arte concreta, ao perguntar pela origem e pelo efeito da tragédia, a *Poética* permanece empírica em sua doutrina da alma, e as constatações feitas — a do impulso de imitação como origem da arte e a da catarse como efeito da tragédia — não têm sentido em si mesmas, mas em sua significação para a poesia, cujas leis podem ser derivadas a partir dessas constatações. A poética da época moderna baseia-se essencialmente na obra de Aristóteles; sua história é a história da recepção dessa obra. E tal história pode ser compreendida como adoção, ampliação e sistematização da *Poética*, ou até como compreensão equivocada ou como crítica. Sobretudo as prescrições acerca da completude e da extensão da trama desempenharam um papel particularmente importante na doutrina clássica das três unidades e em sua correção por Lessing. O mesmo vale para a doutrina do medo* e da compaixão, cujas numerosas e contraditórias interpretações levam a uma poética histórica da tragédia.[2]

---

* Szondi opta pelo termo "medo" [*Furcht*], e não por "terror" [*Schrecknis*], como tradução do *fóbos* de Aristóteles. Com isso ele segue a posição de Lessing, que diz por exemplo na parte 74 da *Dramaturgia de Hamburgo*: "O termo empregado por Aristóteles significa medo: a tragédia, diz ele, deve excitar compaixão e medo; não compaixão e terror." (N.T.)

Dessa poderosa zona de influência de Aristóteles, que não possui fronteiras nacionais ou temporais, sobressai como uma ilha a filosofia do trágico. Fundada por Schelling de maneira inteiramente não-programática, ela atravessa o pensamento dos períodos idealista e pós-idealista, assumindo sempre uma nova forma. Trata-se de um tema próprio da filosofia alemã, caso se possa incluir nela Kierkegaard e não levar em consideração seus discípulos, por exemplo Unamuno.[3] Até hoje, os conceitos de tragicidade [*Tragik*] e de trágico [*Tragisch*] continuam sendo fundamentalmente alemães — nada pode caracterizar melhor esse fato que o comentário entre vírgulas na primeira frase de uma carta de Marcel Proust: "*Vous allez voir tout le tragique, comme dirait le critique allemand Curtius, de ma situation.*"[4] É por isso que se encontram na primeira parte deste estudo — a parte que trata das concepções [*Bestimmungen*] do trágico — apenas nomes de filósofos e poetas alemães, enquanto a segunda parte inclui a consideração de obras da Antigüidade grega, do Barroco espanhol, inglês e alemão, do Classicismo francês e alemão e sua posterior dissolução.

Assim como não se deve criticar a *Poética* de Aristóteles pela ausência de um exame do fenômeno trágico, também não se deve negar de antemão a validade da teoria do trágico, que domina a filosofia posterior a 1800, no caso de tragédias anteriores a essa teoria. Seria melhor, para a compreensão da relação histórica que predomina entre a teoria do século XIX e a práxis dos séculos XVII e XVIII, supor que a coruja de Minerva só alça vôo sobre essa paisagem ao entardecer.[5] Em que medida as concepções do trágico em Schelling e Hegel, em Schopenhauer e Nietzsche, tomam o lugar da poesia trágica, que parece ter chegado a seu fim na época em que esses autores escreveram? Em que medida essas concepções apresentam por si mesmas tragédias, ou modelos de tragédias? Essas perguntas só podem ser respondidas pelos comentários que constituem a primeira parte do presente estudo.

O que vem a seguir são apenas comentários, não uma apresentação minuciosa, muito menos uma crítica. Os comentários se referem a textos extraídos dos escritos filosóficos e estéticos de 12 autores do período entre 1795 e 1915, que aparentemente se encontram reunidos pela primeira vez aqui. Essas elucidações não podem aprofundar criticamente os sistemas dos quais as concepções do trágico foram retiradas, nem fazer justiça à singularidade de cada um desses sistemas. Elas têm que se contentar, com poucas exceções, em perguntar pelo valor que o trágico assume na respectiva estrutura de pensamento, e assim reparar parcialmente a injustiça que tal pensamento sofreu quando dele se extraiu o texto citado. Além disso, os comentários precisam tornar evidentes as diversas concepções do trágico com referência a um fator estrutural mais ou menos oculto, que é comum a todas elas, e que só passa a fazer sentido se as definições dos diversos pensadores forem lidas tendo em vista não a sua filosofia, mas a possibilidade de analisar tragédias com o auxílio delas — portanto na esperança de estabelecer um conceito universal de trágico. As exceções são aqueles comentários que precisam arrancar o seu significado de um texto difícil, como o fragmento de Hölderlin, ou que partem em busca da origem de uma concepção na qual, aparentemente, não se tematiza ainda o trágico, mas encontra-se o esclarecimento de sua concepção posterior. É esse o caso do comentário de Hegel, que constitui o fundamento para as demais interpretações. Assim sendo, Hegel precisa ser mencionado antes de todos os outros autores na abertura deste estudo, que deve a ele e à sua escola os conhecimentos sem os quais não poderia ter sido escrito.

PARTE I

A filosofia do trágico

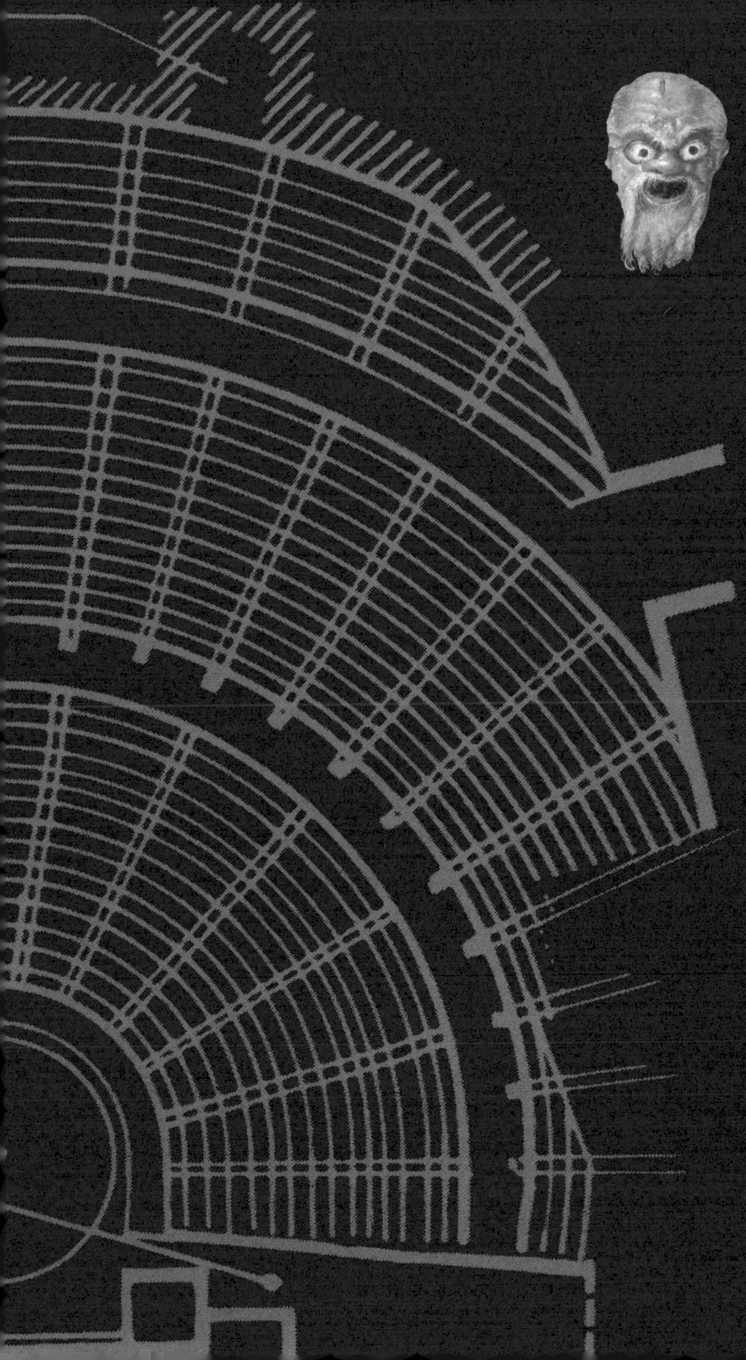

SCHELLING

> Muitas vezes se perguntou como a razão grega podia suportar as contradições de sua tragédia. Um mortal, destinado pela fatalidade a ser um criminoso, lutando *contra* a fatalidade e no entanto terrivelmente castigado pelo crime que foi obra do destino! O *fundamento* dessa contradição, aquilo que a tornava suportável, encontrava-se em um nível mais profundo do que onde a procuraram, encontrava-se no conflito da liberdade humana com o poder do mundo objetivo, em que o mortal, sendo aquele poder um poder superior — um *fatum* —, tinha *necessariamente* que sucumbir, e, no entanto, por não ter sucumbido *sem luta*, precisava ser *punido* por sua própria derrota. O fato de o criminoso ser punido, apesar de ter tão-somente sucumbido ao poder superior do destino, era um reconhecimento da liberdade humana, uma *honra* concedida à liberdade. A tragédia grega honrava a liberdade humana ao fazer seu herói *lutar* contra o poder superior do destino: para não ultrapassar os limites da arte, tinha de fazê-lo *sucumbir*, mas, para também reparar essa humilhação da liberdade humana imposta pela arte, tinha de fazê-lo *expiar* — mesmo que através do crime perpetrado pelo *destino* ... Foi *grande* pensamento suportar voluntariamente mesmo a punição por um crime *inevitável*, a fim de, pela perda da própria liberdade, provar justamente essa liberdade e perecer com uma declaração de vontade livre.[1]

Com essa interpretação de *Édipo Rei* e da tragédia grega em geral tem início a história da teoria do trágico, que volta sua atenção não mais para o efeito da tragédia e sim para o próprio fenômeno trágico. O texto provém da última das *Cartas filosóficas sobre dogmatismo e criticismo*, que Schelling redigiu em 1795, aos 20 anos. Elas confrontam as doutrinas de Spinoza e de Kant — que já para Fichte constituíam os dois únicos "sistemas totalmente coerentes"[2] — e ao mesmo tempo tentam preservar a filosofia crítica de sua própria dogmatização. Em uma carta a Hegel dessa mesma época, Schelling escreve: "A verdadeira diferença entre a filosofia crítica e a dogmática me parece estar no fato de que a primeira tem como ponto de partida o Eu absoluto (ainda não condicionado por nenhum objeto), enquanto a segunda tem como ponto de partida o Objeto absoluto, ou Não-eu."[3] Essa diferença corresponde às significações opostas que são atribuídas à liberdade em cada uma das doutrinas, e é na liberdade que Schelling vê "a essência do Eu", o "alfa e ômega de toda filosofia".[4] Enquanto no dogmatismo o sujeito retribui a escolha do absoluto como objeto de seu saber com "passividade absoluta", o criticismo, que atribui tudo ao sujeito e assim nega tudo ao objeto, é uma "aspiração por ipseidade [*Selbstheit*] inalterável, liberdade incondicionada, atividade ilimitada".[5] Como se o próprio Schelling tivesse percebido que, nessas duas possibilidades, o poder do elemento objetivo é menosprezado. Mesmo onde ele se impõe graças à passividade absoluta do sujeito — já que deve essa vitória ao próprio sujeito —, Schelling faz o destinatário fictício de suas cartas aludir a uma terceira possibilidade. Ela não provém mais das pressuposições de um sistema filosófico, mas da vida e de sua apresentação na arte. "Você tem razão", começa a décima carta, "ainda resta uma coisa: *saber* que há um poder objetivo que ameaça aniquilar a nossa liberdade e, com essa convicção firme e certa no coração, lutar *contra* ele, mobilizar toda a nossa liberdade e perecer."[6] Entretanto, como se receasse, por outro lado, esse reconhecimento do elemento objetivo, o jovem Schelling só admite a luta na arte trágica, não na vida: "Essa luta não poderia tornar-se um sistema de ação, pela simples razão de que tal sistema pressuporia uma raça de titãs, mas sem esse pressuposto acarretaria sem dúvida as conseqüências mais funestas para a humanidade."[7] Schelling contribui, assim, para a crença idealista que pretende se apossar do trágico e só o reconhece porque descobre nele um sentido: a afirmação da liberdade. Para Schelling, o processo trágico em *Édipo Rei* não adquire um sentido senão com referência a seu *télos*. Apesar disso, a estrutura própria do trágico torna-se evidente. À medida que o herói trágico, na interpretação de Schelling, não só sucumbe ao poder superior do elemento objetivo como também é punido por sua derrota, ou simplesmente pelo fato de ter optado pela luta, volta-se contra ele próprio o valor positivo de sua atitude, a vontade de liberdade que constitui "a essência de seu eu". O processo poderá ser chamado, segundo Hegel, de dialético.[8] Schelling certamente tinha em vista a afirmação da liberdade obtida à custa do declínio do herói, pois desconhecia a possibilidade de um processo puramente trágico. Na frase que fundamenta todo esforço filosófico voltado para o problema do trágico, o autor afirma que foi um grande pensamento "suportar voluntariamente até mesmo a punição por um crime inevitável, a fim de, pela perda de sua própria liberdade, provar justamente essa liberdade". Já ressoa nessa frase o tema obscuro que, posteriormente, nenhuma consciência da vitória do sublime abafará: o conhecimento de que algo de mais elevado foi aniquilado justamente por aquilo que deveria ter sido sua salvação.

> O essencial da *tragédia* é ... um conflito real entre a liberdade no sujeito e a necessidade, como necessidade objetiva. Esse conflito não termina com a derrota de uma ou de outra, mas pelo fato de ambas aparecerem indiferentemente como vencedoras e vencidas.[9]

O conflito entre liberdade e necessidade só existe verdadeiramente onde a necessidade mina a própria vontade e a liberdade é combatida em seu próprio terreno.[10] A interpretação da tragédia que Schelling propõe nas *Lições sobre a filosofia da arte*, ministradas pela primeira vez em 1802-3, refere-se expressamente ao escrito de juventude sobre dogmatismo e criticismo. No entanto essa interpretação não tem mais como ponto de partida uma terceira relação, reservada à arte, ao lado das duas outras relações que a princípio são possíveis entre sujeito e objeto. A interpretação se desenvolve a partir dos princípios da filosofia da identidade de Schelling e ocupa uma posição central na estética que essa filosofia fundamenta. Enquanto posiciona Deus como a "idealidade infinita que contém em si toda a realidade"[11], Schelling define a beleza como a "unificação do real e do ideal", como "indiferença da liberdade e da necessidade, intuída em algo real"[12]. Os três gêneros poéticos aparecem como formas diversas de manifestação dessa identidade. No gênero épico Schelling identifica:

> uma espécie de estado de inocência, onde ainda se encontra junto e unido tudo o que, posteriormente, só existirá disperso ou só voltará a se unificar a partir da dispersão. Com o progresso da cultura [*Bildung*], essa identidade se intensificou em um conflito na poesia lírica, e foi apenas por meio do fruto mais maduro da cultura que, em um estágio superior, a própria unidade se reconciliou com o conflito, de modo que ambos se unificaram em uma cultura mais perfeita. Essa identidade superior é o drama [*Drama*].[13]

Assim, todo o sistema de Schelling, cuja essência é a identidade de liberdade e necessidade, culmina em sua concepção do processo trágico como o restabelecimento dessa indiferença no conflito. Com isso o trágico é compreendido, mais uma vez, como um fenômeno dialético, pois a indiferença entre liberdade e necessidade só é possível pagando-se o preço de o vencedor ser ao mesmo tempo o vencido, e vice-versa. E a arena dessa luta não é um campo intermediário, exterior ao sujeito em conflito; ela é transportada para a própria liberdade, que se torna assim, como que em desacordo consigo mesma, sua própria adversária.

HÖLDERLIN

> O significado da tragédia pode ser mais facilmente compreendido a partir do paradoxo. Pois, como todo potencial é dividido igualmente e de modo justo, tudo o que é original aparece não em sua força original, mas propriamente em sua fraqueza, de modo que a luz da vida e a sua manifestação pertencem propriamente à fraqueza de cada todo. Ora, no trágico, o signo é em si mesmo insignificante e sem efeito, mas o elemento original é diretamente exposto. Assim, o original só pode aparecer propriamente em sua fraqueza, mas, à medida que o signo em si mesmo é considerado como insignificante = 0, o elemento original, o fundamento oculto de cada natureza, também pode se apresentar. Se é propriamente em seu dom mais fraco que a natureza se apresenta, quando ela se apresenta em seu dom mais forte o signo é = 0.[1]

Esse fragmento, escrito entre 1798 e 1800, tem como ponto de partida o conceito de natureza, assim como os outros dois textos de Homburg sobre o trágico: o "Fundamento para Empédocles" e "Sobre o devir no perecer". Como nesses outros textos, a intenção inicial do fragmento é conferir ao homem uma posição que, embora o coloque como servo da natureza, mostre ao mesmo tempo que ela também depende dele. Em uma carta ao irmão, datada de 4 de junho de 1794, Hölderlin fala do "paradoxo segundo o qual o impulso artístico e formativo, com todas as suas modificações e variações, é propriamente um serviço que os homens prestam à natureza"[2]. É a partir desse paradoxo que o fragmento esclarece o significado da tragédia. Sua idéia fundamental pode ser encontrada na carta a Sinclair de 24 de dezembro de 1798, onde o fato de que "não há nenhuma força monárquica no céu e sobre a terra" é designado como "a primeira condição de toda vida e toda organização"[3]. Assim, já que "todo potencial é dividido igualmente e de modo justo", o que é original em sua essência, a natureza, não pode ao mesmo tempo "aparecer em sua força original, mas propriamente" (e isso quer dizer na medida de sua própria possibilidade, a partir de sua própria força) "apenas em sua fraqueza". Essa dialética, segundo a qual o forte só pode aparecer por si mesmo como fraco e depende do fraco para que a sua força possa aparecer, fundamenta a necessidade da arte. Nela a natureza não aparece mais "propriamente", e sim mediada por um signo. Na tragédia esse signo é o herói. Uma vez que não consegue prevalecer contra o poder da natureza e é aniquilado por ele, o signo se torna "insignificante" e "sem efeito". Mas, no declínio do herói trágico, quando o signo é = 0, a natureza apresenta-se ao mesmo tempo como vitoriosa "em seu dom mais forte", e "o elemento original se expõe diretamente". Desse modo, Hölderlin interpreta a tragédia como sacrifício que o homem oferece à natureza, a fim de levá-la à sua manifestação adequada. A tragicidade do homem consiste no fato de que ele só pode oferecer esse serviço que dá significado à sua existência na morte quando "é posto como signo em si mesmo insignificante = 0". Segundo Hölderlin, o conflito entre natureza e arte, cujo objetivo certamente é a conciliação das duas, realiza-se como tal na tragédia. Portanto, esse conflito é o de *Empédocles*, que Hölderlin escreveu paralelamente a seus escritos teóricos. Para ele, Empédocles é "um filho das violentas contraposições entre natureza e arte através das quais o mundo aparecia diante de seus olhos. Um homem em que aqueles opostos se unem tão intimamente que nele se tornam *Um*..."[4]. Mas a tragicidade de Empédocles deve-se ao fato de ele ter que sucumbir exatamente em função da conciliação que ele personifica, e justo por personificá-la, isso é, por apresentá-la sensivelmente. Como mostra o *Fundamento para Empédocles*, por um lado a conciliação só é reconhecível quando aquilo que estava intimamente ligado, constituindo uma unidade, separa-se pela luta, e por outro lado a união sensível só pode ser aparente, temporária, e precisa ser suprimida "pois, caso contrário, o universal se perderia no indivíduo, e a vida de um mundo se acabaria em uma particularidade"[5]. Assim, Empédocles é "uma vítima de seu tempo"[6], que ao "perecer" possibilita um "devir", e esse destino não é seu destino pessoal, mas, como enfatiza Hölderlin, "mais ou menos" o destino de todos os "personagens trágicos".[7]

> A apresentação do trágico depende principalmente de que o formidável [*Ungeheure*] — como o deus e o homem se acasalam, e como, ilimitadamente, o poder da natureza e o mais íntimo do homem unificam-se na ira — seja concebido pelo fato de que a unificação ilimitada se purifica por meio de uma separação ilimitada.[8]

As "Observações sobre Édipo", escritas por Hölderlin em 1803, junto com as "Observações sobre Antígona", seguem os hinos da maturidade do autor, assim como os ensaios de Homburg acompanham a composição poética de *Empédocles*. A concepção da tragédia nas "Observações" está intimamente ligada à anterior, mas ganha novo significado em relação aos hinos. Um sinal exterior de tal mudança é a circunstância de que os estudos de Hölderlin sobre o trágico agora não estão mais ligados à sua própria produção poética, e sim às versões que fez das duas tragédias de Sófocles. A solução trágica da relação de oposição entre natureza e arte — que no pensamento maduro de Hölderlin é compreendida de maneira mais absoluta como a relação entre deus e homem — não é mais tema de sua própria lírica. Não que Hölderlin tenha deixado de lado a dialética trágica a que tentou dar forma em *A morte de Empédocles*. Mas o trágico é como que imanente à sua representação da relação entre deus e homem, do modo como a idéia da "infidelidade divina expressa" tal relação. Do ponto de vista da filosofia da história, Hölderlin compreende tanto a época da ação de Édipo quanto a sua própria época como período intermediário, como noite na qual "o deus e o homem, para que o curso do mundo não tenha nenhuma lacuna *e a memória dos celestiais não desapareça, comunicam-se na forma da infidelidade, que tudo esquece,* pois a infidelidade divina é o que há de melhor para ser lembrado"[9]. Essa dialética de fidelidade e infidelidade, de lembrar e esquecer, é o fundamento temático dos poemas tardios de Hölderlin. Eles ao mesmo tempo definem e cumprem a tarefa do poeta em uma época na qual os deuses só podem estar próximos por meio de seu afastamento. Hölderlin está decidido a perseverar na noite do afastamento dos deuses — que ainda é uma presença, e a única que não aniquila o homem — e a preparar o futuro retorno dos deuses. É isso que imprime à sua poesia uma estrutura utópica e um ritmo de alta tensão, como acontece por exemplo na "Celebração da paz", em que cada palavra se insurge contra a nostalgia a que Empédocles cedeu ao se lançar no Etna. Segundo a interpretação de Hölderlin, na tragédia de Sófocles a tensão também não é suportada, mas descarregada. O futuro quiliástico da proximidade dos deuses irrompe antes do tempo, no presente que não está à sua altura; a faísca salta e, no incêndio que causa, a noite se transforma em dia flamejante. Na visão de Hölderlin, uma vez que Édipo "interpreta a sentença do oráculo de modo demasiadamente infinito"[10], ou seja, como exigência religiosa, e cumpre uma tal exigência, ele força a unificação com deus. No entanto essa "unificação ilimitada", dizem as "Observações", tem que se tornar "separação ilimitada", para que o formidável que ela apresenta se torne reconhecível. O dia forçado transforma-se tragicamente em noite intensificada: nas trevas da cegueira de Édipo.

HEGEL

A tragédia consiste nisto: a natureza ética, a fim de não se misturar com sua natureza inorgânica, separa-a de si mesma como um destino e se coloca frente a ela; e, pelo reconhecimento do destino na luta, a natureza ética é reconciliada com a essência divina, como a unidade de ambas.[1]

A primeira interpretação que Hegel propõe da tragédia encontra-se no escrito "Sobre os tipos de tratamento científico do direito natural", publicado em 1802-3, no *Kritische Journal der Philosophie* [*Jornal Crítico de Filosofia*], editado por Hegel e Schelling. Assim como o resto do jornal, esse ensaio se volta contra Kant e Fichte. O embate que se dá no campo da ética é, ao mesmo tempo, um confronto de princípios entre a dialética de Hegel, que começa a tomar consciência de si mesma, e o formalismo dualista da filosofia de seu tempo. Pois o que Hegel condena, tanto na *Crítica da razão prática* de Kant quanto no *Fundamento do direito natural* de Fichte, é a contraposição rígida entre lei e individualidade, universal e particular. Segundo ele, Fichte pretende "ver todo o agir e o ser do singular como algo vigiado, sabido e determinado pelo universal e pela abstração, contrapostos ao singular"[2]. Hegel se opõe a Fichte com a "idéia absoluta da eticidade", algo "que contém, em completa identidade, o estado de natureza e a majestade e divindade de todo o estado de direito alheio ao indivíduo"[3]. Com isso, pretende substituir o conceito abstrato de eticidade por um conceito real, que apresente o universal e o particular em sua identidade, sendo a contraposição entre eles causada pela abstração do formalismo.[4] A eticidade absoluta e real, como Hegel a entende, "é de modo imediato a eticidade do singular, e a essência da eticidade do singular, por sua vez, é simplesmente a eticidade real, sendo por isso universal e absoluta"[5]. No entanto, ao contrário de Schelling, Hegel não volta a sua atenção apenas para a identidade, mas também para o confronto permanente dos poderes compreendidos nela, para o movimento imanente à sua unidade, pelo qual a identidade se torna possível como real. Por isso, a contraposição entre a lei inorgânica e a individualidade viva, entre o universal e o particular, não é descartada, ela é suprimida [*aufgehoben*]* no interior do conceito de identidade como contraposição dinâmica. Assim como fará depois na *Fenomenologia do espírito*, aqui Hegel compreende esse processo como autodivisão, como sacrifício.

> A força do sacrifício consiste na contemplação e na objetivação da mistura com o inorgânico; tal contemplação dissolve a mistura e separa o inorgânico, que, ao ser reconhecido como tal, é alojado na indiferença; mas, à medida que põe nesse mesmo inorgânico aquilo que sabe ser parte de si, sacrificando-o à morte, o ser vivo ao mesmo tempo reconheceu o direito do inorgânico e se purificou dele.[6]

Esse processo, que Hegel equipara ao processo trágico como tal, pode ser ilustrado com o final da *Oréstia* de Ésquilo. O confronto entre Apolo e as Eumênides, consideradas como "poderes do direito que se encontra na diferença" — portanto como a parte inorgânica da eticidade, "diante da organização ética, o povo de Atenas" —, termina com a reconciliação promovida por Palas Atena. A partir de então as Eumênides serão honradas como poderes divinos, "de modo que sua natureza selvagem seja apaziguada ao desfrutar, no altar erguido para elas lá embaixo na cidade, da contemplação de Atena sentada no trono que se localiza no alto da Acrópole"[7]. Interpretado por Hegel como autodivisão e autoconciliação

* O verbo "*aufheben*" foi traduzido por "suprimir", e o substantivo "*Aufhebung*", por "supressão". (N.T.)

[*Selbstentzweiung und Selbsversöhnung*] da natureza ética, o processo trágico manifesta pela primeira vez e de modo imediato sua estrutura dialética. Se, na concepção da tragédia formulada por Schelling, o elemento dialético ainda precisava ser elucidado, já que Schelling avança rápido demais em direção à harmonia (segundo a acusação implícita feita no prefácio da *Fenomenologia*), em Hegel tragicidade e dialética coincidem. O escrito de juventude dos anos 1798-1800, que se tornou conhecido sob o título "O espírito do cristianismo e seu destino", demonstra que essa identidade não é pensada apenas nas obras da maturidade, mas remonta à origem das duas noções em Hegel. E a origem da dialética hegeliana constitui, de modo característico, uma história da origem da dialética enquanto tal. O confronto com o formalismo kantiano é mantido por Hegel, a princípio, no âmbito de um estudo teológico-histórico, como um confronto relativo à própria matéria discutida, ou seja, um confronto entre cristianismo e judaísmo. O jovem Hegel caracteriza o espírito do judaísmo quase do mesmo modo como, posteriormente, caracterizará o formalismo de Kant e Fichte. Esse espírito é definido pela contraposição rígida entre humano e divino, particular e universal, vida e lei, sem que haja nenhuma possibilidade de conciliação dos opostos. A relação se dá entre dominador e dominado. A tal espírito rigorosamente dualista opõe-se o espírito do cristianismo. A figura de Jesus lança uma ponte sobre o abismo entre homem e Deus, pois ele encarna, como filho de Deus e filho do homem, a reconciliação, a unidade dialética dos dois poderes. Da mesma forma, a ressurreição de Jesus faz dele a mediação entre a vida e a morte. Ele substitui o mandamento objetivo a que o homem estava sujeito pela disposição subjetiva, em que o próprio indivíduo se unifica com a universalidade. No entanto Hegel não vê a identidade como harmonia assegurada, nem nesse escrito de juventude, nem, posteriormente, no ensaio sobre o direito natural. Longe disso, considera como seu movimento constitutivo o processo que receberá sua forma definitiva com a dialética do espírito, na *Fenomenologia*. O escrito de juventude denomina os estágios de autodivisão e conciliação na passagem do ser-em-si [*Ansichsein*] para o ser-em-si-e-para-si [*Anundfürsichsein*]: "destino" e "amor". Em oposição ao judaísmo, que segundo Hegel não conhece o destino porque entre o homem e Deus vigora apenas o liame da dominação, o espírito do cristianismo fundamenta a possibilidade do destino. E este não é "nada de alheio, como o castigo", que pertence à lei alheia, mas "a consciência de si mesmo, porém como a de um inimigo"[8]. No destino, a eticidade absoluta divide-se no interior de si mesma. Ela não se encontra diante de uma lei objetiva que teria violado, mas tem diante de si, no destino, a lei que estabeleceu na própria ação.[9] Desse modo lhe é dada a possibilidade de se reconciliar com o destino, restabelecendo assim a unidade, ao passo que, no caso da lei objetiva, a contraposição absoluta sobrevive ao castigo. Assim, o escrito de juventude de Hegel não trata simplesmente do destino do cristianismo, como indicaria o título atribuído pelo editor, mas também da gênese do destino em geral, que para Hegel coincide com a gênese da dialética e ocorre precisamente no espírito do cristianismo. Contudo, mesmo no âmbito cristão o termo "destino" também se refere ao destino trágico, que aparece igualmente na concepção de tragédia apresentada no escrito sobre o direito natural, como o fator da autodivisão na natureza ética. Entre os manuscritos do texto de juventude, encontraram-se trechos sobre o *fatum* na *Ilíada*,[10] e a peculiaridade do destino que se manifesta a partir de um sujeito é ilustrada com uma tragédia: *Macbeth*. Após o assassinato de Banquo, Macbeth não se vê diante de uma lei alheia a si, uma lei que existisse independentemente dele, mas tem à sua frente, no espectro de Banquo, a própria vida ferida, que não é nada de alheio, e sim "a vida dele mesmo condenada". "Só agora a vida ferida aparece como um poder hostil contra o criminoso, prejudicando-o do mesmo modo que ele prejudicou; assim, o castigo como destino é uma reação ao próprio ato do criminoso, é um poder que ele mesmo armou, um inimigo que ele mesmo tornou hostil."[11] No entanto, como o próprio criminoso "estabeleceu a lei", "a separação que *ele* provocou" pode — em oposição ao que é separado simplesmente na lei — "ser unificada", e "essa unificação ocorre no amor".[12] É assim que Hegel interpreta o destino de Maria Madalena (e atribui ao espírito do judaísmo a culpa por sua transgressão): "...a época de seu povo era uma daquelas em que a bela alma não vive sem pecado, mas tanto nessa época como em qualquer outra ela podia retornar à mais bela consciência por meio do amor"[13]. Embora no escrito de juventude não apareçam as palavras "trágico" e "tragédia", ele contém a origem da concepção do trágico formulada no escrito sobre o direito natural. E essa origem se confunde com a origem da dialética hegeliana. O processo trágico é, para o jovem Hegel, a dialética da eticidade, que ele a princípio procura mostrar como sendo o espírito do cristianismo, e mais tarde postula como fundamento de uma nova doutrina ética. É a dialética da eticidade, "daquilo que move todas as coisas humanas" [14], daquilo que, no destino, divide-se no interior de si mesmo, só que retorna a si mesmo no amor, enquanto o mundo da lei mantém inalterada a divisão rígida que perpassa o pecado e o castigo.

> O tema autêntico do tipo original de tragédia é o divino; mas não o divino como conteúdo da consciência religiosa enquanto tal, e sim como ele aparece no mundo, na ação individual. Entretanto, nessa realidade efetiva o divino não perde o seu caráter substancial, nem se vê convertido em seu contrário. Nessa forma, a substância espiritual da vontade e da realização é o elemento *ético*. ... Portanto, tudo o que se exterioriza na objetividade real está submetido ao princípio de particularização; sendo assim, tanto os poderes éticos quanto o caráter ativo são *diferenciados* em relação a seu conteúdo e sua manifestação individual. Mas se, como reivindica a poesia dramática, essas potências particulares são incitadas a aparecer em atividade e se realizam como a meta determinada de um *pathos* humano que age, então sua harmonia é suprimida [*aufgehoben*] e elas aparecem em isolamento recíproco, umas *contra as*

> *outras.* A ação individual pretende então, sob determinadas circunstâncias, realizar uma meta ou um caráter que é unilateralmente isolado em sua completa determinação. De acordo com tais pressupostos, esse caráter necessariamente incitará o *pathos* oposto contra si, provocando conflitos inevitáveis. Assim, o trágico consiste originalmente no fato de que, em tal colisão, cada um dos lados opostos se *justifica*, e no entanto cada lado só é capaz de estabelecer o verdadeiro conteúdo positivo de sua meta e de seu caráter ao negar e violar o outro poder, igualmente justificado. Portanto, cada lado se torna *culpado* em sua eticidade.[15]

Duas décadas separam essa concepção formulada na *Estética* de Hegel da definição dada no seu escrito sobre o direito natural. O trágico ainda é concebido como dialética da eticidade. Mas algo de essencial se alterou. É verdade que o destino do herói trágico — como seu *pathos* o leva ao mesmo tempo para a justiça e para a injustiça, ele se torna culpado justamente por sua eticidade — é visto em seu contexto metafísico, que se baseia no surgimento do divino na realidade efetiva, submetida ao princípio da particularização. Só que essa referência tornou-se muito mais fraca, se comparada à do ensaio de 1802. Essencialmente, o trágico não diz mais respeito à idéia do divino, que o dispensa na consciência religiosa; e se a autodivisão do elemento ético de fato é inevitável, embora seja determinada em sua concretude pelas circunstâncias, é acidental quanto ao seu conteúdo. Em oposição à primeira concepção, a segunda parece não ser imediatamente proveniente de um sistema filosófico, e assim, de acordo com o seu posicionamento em uma estética, pretende abarcar toda a variedade das possibilidades trágicas. Entretanto, a partir das exposições subseqüentes da *Estética* sobre o desenvolvimento histórico, revela-se que Hegel só admite a contragosto esse alcance formal de sua concepção e que, no fundo, gostaria de se limitar a uma única forma de colisão trágica. O fator do acaso que se insinuou em sua concepção provém, como se percebe então, do trágico dos modernos, cujos heróis encontram-se "em meio a um leque de relações e condições ocasionais, nas quais é possível agir de um modo ou de outro"[16]. A conduta deles é determinada por seu caráter próprio, que não incorpora necessariamente, como é o caso dos antigos, um *pathos* ético. Se Hegel, por esse motivo, faz restrições à tragédia mais recente, também entre as tragédias mais antigas ele se decide claramente por uma das colisões possíveis, a que se encontra na *Ifigênia em Áulis*, na *Oréstia* e na *Electra* de Sófocles, e com mais perfeição na *Antígona*, considerada por ele "a obra de arte mais excelente e mais perfeita de todas as maravilhas do mundo antigo e moderno"[17]. Trata-se da colisão entre amor e lei, tal como esses dois conteúdos se chocam no caso de Antígona e Creonte. Assim, por trás da aparente indeterminação da definição tardia, ainda se encontra a mesma forma do trágico que Hegel analisou na *Fenomenologia do espírito*. Certamente não se deve esquecer que, nesse livro, a tragédia de Sófocles não é considerada enquanto tragédia, e que não é dada nenhuma definição de trágico, pois os termos "trágico" e "tragédia" não são nem mesmo mencionados. No decorrer da apresentação do processo dialético do espírito, Hegel chega ao estágio do "espírito verdadeiro", que ele concebe como "eticidade", e cinde em duas essências: a lei divina e a lei humana. Uma se realiza na mulher e na esfera da família, a outra, no homem e na vida do Estado. O choque dessas duas formas de manifestação do elemento ético, portanto do espírito absoluto concebido no retorno a si mesmo, é considerado por Hegel como algo que se configura no modo de agir de Antígona. Diferentemente da *Estética*, e concordando com o escrito sobre o direito natural, a *Fenomenologia* posiciona o trágico (mesmo sem assim denominá-lo) no ponto central da filosofia hegeliana, interpretando-o como a dialética a que está submetida a eticidade, ou seja, o espírito em seu estágio de espírito verdadeiro. Entretanto, é justamente na proximidade entre estas obras de Hegel — o escrito teológico de juventude, o ensaio sobre o direito natural e a *Fenomenologia* (além da *Estética*, considerada como seu eco mais formalizado) — que se torna perceptível a diferença essencial entre elas, o que leva à dedução de uma mudança na concepção hegeliana do trágico. Nos escritos que precedem a *Fenomenologia*, o trágico é o marco de um mundo da eticidade, que se divide no destino e encontra a reconciliação no amor, enquanto o mundo oposto, o mundo da lei, que se baseia na contraposição rígida entre particular e universal, não possibilita de modo algum o trágico. Na *Fenomenologia*, por sua vez, o conflito trágico se dá justamente entre os mundos da lei e do amor. Assim, parece que o espírito do judaísmo e da ética formalista, anteriormente excluído do trágico, entra em cena como herói trágico na figura de Creonte, com os mesmos direitos de Antígona, que personifica o mundo do amor. Essa mudança no modo como Hegel compreende o trágico, enfatizada pelo fato de ele defender o *pathos* ético de Creonte, está ligada à mudança radical do significado da dialética em Hegel. Nos anos entre o escrito sobre o direito natural e a *Fenomenologia*, a dialética muda: de manifestação teológico-histórica (no espírito do cristianismo) e postulado científico (para a nova fundamentação da doutrina ética), torna-se lei do mundo e método de conhecimento. Com isso, a dialética — que é ao mesmo tempo o trágico e sua superação — ultrapassa as fronteiras estabelecidas nos dois escritos de juventude, abarcando também a esfera da lei, de que se diferenciava rigorosamente antes. Elevada a um princípio universal, ela não tolera nenhum reino que lhe permaneça inacessível. Desse modo, o que se reconhece como conflito fundamental do trágico é justamente aquilo que precisa irromper entre a origem da dialética e a região da qual ela se afastou ao surgir. E, assim, a oposição entre judaísmo e cristianismo é suprimida, na imagem hegeliana da Antigüidade.[18] Mas uma tal união de mundos que antes eram nitidamente separados já se preparava no escrito de juventude, e a dialética impõe-se como que por um atalho, antes mesmo de Hegel chamá-la pelo nome. Isso resulta da circunstância notável de Hegel recorrer às mesmas tragédias para a caracterização tanto do cristianismo quanto do judaísmo. Poucas páginas antes de analisar a cena do diálogo entre Macbeth e o espírito de Banquo, na qual está assinalada a dialética do destino subjetivo, encontra-se a frase que remete Macbeth ao mundo da contraposição brusca em relação ao elemento objetivo: "O destino do povo judeu é o destino de Macbeth, que se retirou da própria natureza, foi leal a modos de ser alheios, e a serviço deles teve de esmagar e assassinar tudo que há de sagrado na natureza humana, por isso acaba sendo abandonado por seus deuses (pois eles eram objetos, ele era servo), e despedaçado em sua própria fé."[19] Contra a intenção do escrito de juventude e já no espírito do Hegel tardio, a dupla interpretação e a dupla utilização da figura de Macbeth, que constitui um testemunho da dialética de Hegel, antecipa a síntese que a *Fenomenologia* irá realizar na interpretação da *Antígona*.[20]

Solger

> O princípio trágico se dá quando toda a realidade se manifesta como apresentação e revelação da idéia, contradizendo-se a si mesma e submergindo na idéia. ... No trágico, a idéia se revela como existente por meio do aniquilamento; pois enquanto ela se neutraliza como existência, encontra-se ali como idéia, e as duas coisas são uma única e mesma coisa. O declínio da idéia como existência é a sua revelação como idéia.[1]

Embora as *Preleções sobre estética*, ministradas por Solger em 1819, não escondam a influência de Schelling, elas ao mesmo tempo atestam um afastamento mais decisivo em relação à sua doutrina. O ponto de vista idealista, que remonta a Fichte, é abalado. Isso já fica claro pelo fato de os conceitos de liberdade e necessidade, baseados na filosofia de Schelling, serem substituídos pelos conceitos de idéia e existência. O poder adverso que impele a idéia para um processo trágico, no qual a vitória só é possibilitada por meio do declínio, não é mais o *fatum*, ou a necessidade do elemento objetivo, mas a existência do próprio homem. Em contrapartida, a idéia se afastou do Eu do sujeito, como lugar da liberdade, e se deslocou para o terreno do divino. Assim, a dialética trágica, que só aparece no jovem Schelling como luta possível entre a liberdade humana e o poder do objetivo, é necessariamente uma característica própria da existência do homem: "Somos enredados na trama da existência, cuja vida se desvia da idéia, tornando-se perdida e nula. Essa existência só pode ganhar significado, conteúdo e valor quando a idéia divina se revela em seu interior. Mas tal revelação só é possível por meio da supressão [*Aufhebung*] da própria existência."[2] Em um ensaio sobre "Sófocles e a tragédia antiga", Solger interpreta nesse sentido o destino de Antígona e Creonte: "Ambos expiam conjuntamente a cisão para sempre irreconciliável entre eterno e temporal."[3] Na verdade, mesmo para Solger, o trágico acaba oferecendo um consolo: "Sabemos que nossa derrocada não é a conseqüência de uma casualidade, mas do fato de que a existência não suporta o eterno ao qual somos destinados, o fato de que o próprio sacrifício é o maior testemunho de nossa destinação."[4]

Para o Schelling das *Cartas*, a liberdade, como a determinação do homem, não é necessariamente concedida ao homem apenas quando ele sucumbe, e na *Filosofia da arte* o conflito entre liberdade e necessidade tem como meta uma identidade original e divina entre ambas. Para Solger, por sua vez, a cisão interna do homem — "o fato de que ele participa do mais elevado e no entanto precisa existir", o que segundo Solger "produz o autêntico sentimento trágico" — não é suprimida, mas antes experimentada no saber conciliador. Essa radicalização também é indicada pela estética de Solger. Na concepção da beleza, por Schelling, como "a indiferença da liberdade e da necessidade, enxergada em um elemento real", Solger descobre uma dialética trágica que sustenta o belo como a idéia divina. O real em que o divino pode ser enxergado constitui ao mesmo tempo, para Solger, o aniquilamento do divino. A idéia não só pode aparecer por meio de si mesma, mas precisa — uma vez que, segundo Solger, tudo pode ser reconhecido em seu oposto — "desdobrar-se nas oposições da existência"[5], e assim é suprimida justamente naquilo em que foi realizada efetivamente pela primeira vez. Resulta disso a concepção do trágico formulada por Solger. No trágico, o que "é aniquilado é a própria idéia, à medida que ela se torna fenômeno. Não é o mero elemento temporal que sucumbe, mas justamente o que há de mais elevado, o que nós temos de mais nobre que precisa sucumbir, porque a idéia não pode existir sem ser o seu oposto."[6]

GOETHE

> Todo o trágico baseia-se em uma oposição irreconciliável [*unausgleichbar*]. Assim que surge ou se torna possível uma reconciliação [*Ausgleichung*], desaparece o trágico.[1]

É perceptível o caráter formal da observação feita por Goethe, relatada pelo chanceler von Müller em 6 de junho de 1824. Para Goethe, a intuição e a teoria normalmente tinham o mesmo valor e eram pensadas como uma coisa só. Nesse caso, o que o ajuda a alcançar a capacidade de abstração é a distância em que ele se coloca com relação ao problema, a resolução de não conceder a tal problema nenhum espaço nas áreas concretas de sua existência. Assim, Goethe reconhece como essencial ao trágico um traço que o sistema idealista de Schelling e até o de Hegel ocultam, mas que lhe causa grande estranheza: o fato de que o conflito trágico "não permite nenhuma solução"[2]. Em 1831, Goethe declarou a Zelter que "não nasci para ser poeta trágico, já que tenho uma natureza conciliadora"; e acrescentou que, para ele, o caráter irreconciliável que marca o caso puramente trágico parecia "totalmente absurdo"[3]. Mas a concepção do trágico formulada por Goethe em 1827, em uma conversa com Eckermann, como uma crítica à interpretação que Hegel fez da *Antígona*, não podia ter seu alcance formal totalmente assegurado nem mesmo para o próprio autor, já que havia nela uma restrição: o conflito, para ser trágico, precisava "ter por trás de si um fundamento natural autêntico", precisava ser "autenticamente trágico". Pode ser que Eckermann leve a culpa pelo que esse pensamento tem de equivocado, mas é provável que tenha exposto o embaraço de Goethe diante do problema do trágico, segundo a confidência feita a Zelter. Entretanto, há na obra de Goethe indicações para uma definição mais concreta do trágico.

Vom tragisch Reinen stellen wir euch dar
Des düstern Wollens traurige Gefahr;
Der kräftige Mann, voll Trieb und willevoll,
Er kennt sich nicht, er weiss nicht, was er soll...

Com pureza trágica podeis ver
O triste perigo do querer sombrio;
O homem poderoso, cheio de brio,
Não se conhece, não sabe o seu dever...[4]

Essa é a fala da musa do drama no "Prólogo para a inauguração do Teatro de Berlim em maio de 1821". Os versos reúnem idéias que Goethe já tinha formulado em 1813 no texto "Shakespeare e o sem fim". Nesse ensaio, ele associa os momentos trágicos "a um daqueles desequilíbrios constitutivos entre dever e querer"[5], estabelecendo uma distinção do significado do trágico para os antigos, para os modernos e para Shakespeare, autor que combina a forma antiga e moderna do trágico. Para Goethe, é essencial que o conflito não se dê primordialmente entre o herói trágico e o mundo exterior, nem tenha suas raízes na supremacia do divino ou do destino, pois "*ohne Zeus und Fatum, spricht mein Mund,/ Ging Agamemnon, ging Achill zugrund*" ["Sem Zeus e sem *fatum*, fala minha boca,/ Tanto Agamenon quanto Aquiles pereceram"][6]. Mas a dialética trágica mostra-se no próprio homem, em quem o dever e o querer tendem a se afastar e ameaçam romper a unidade de seu Eu. Certamente não é trágica a disparidade banal que se dá quando o homem não quer o que deve, ou quer o que não deve. Trágica é a cegueira com que ele, ludibriado acerca da meta de seu dever, precisa querer o que não tem o direito de querer. Esse complemento essencial para a concepção do trágico formulada por Goethe — de que a oposição irreconciliável divide o que é uno — aparece de outra forma, na resenha que ele escreveu um ano antes sobre *Il conte di Carmagnola*, de Manzoni. Goethe considera o enredo, que opõe o Condottiere Carmagnola ao Senado veneziano, "absolutamente significativo, trágico, irreconciliável", porque nele "duas massas incompatíveis, que se contradizem entre si, acreditam poder se unir e buscar um *único* objetivo"[7]. Também aqui, o mero conflito entre Carmagnola e o Senado, mesmo sendo irreconciliável, não é trágico; é o fato de que ambos estão unidos para um *único* objetivo que é trágico. Junto a essas concepções do trágico que surgem da discussão de Goethe acerca da criação poética de outros autores, encontra-se uma outra, que tem origem em seus sentimentos mais íntimos.

> A motivação fundamental de todas as situações trágicas é o ato de partir [*Abscheiden*], e nesse caso não é preciso nem veneno nem punhal, nem lança nem espada; também é uma variação do mesmo tema o ato de se separar de uma situação habitual, amada, correta, seja por causa de uma calamidade maior ou menor, seja por causa de uma violência sofrida, que pode ser mais ou menos odiosa.[8]

Escrita em 1821, assim como o prólogo citado anteriormente, essa frase do texto sobre *Wilhelm Tischbeins Idyllen* desmente a suposição de que o problema do trágico, a princípio, causaria estranheza a Goethe. O motivo pelo qual Goethe não considerava ter nascido para ser um poeta trágico não era a estranheza, mas justamente a familiaridade com o trágico. Ele estranhava apenas sua intensificação brutal, quando o dramaturgo procurava conduzi-la com características de violência ao escrever uma tragédia. Mas Goethe experimentava profunda e dolorosamente o trágico nos acontecimentos da vida real. O fator do trágico foi deslocado por ele da morte do herói trágico — cujos causadores são o ímpeto e a violência, e cujos emblemas são o veneno e o punhal — para a despedida [*Abschied*] de uma pessoa amada, ou para o abandono de uma situação amada. Nada seria mais equivocado do que ver nisso seja uma tentativa de amenizar o problema do trágico, seja uma confusão entre o que é trágico e o que é apenas triste. O significado que a despedida tem para Goethe pode ser medido a partir da importância que o presente e o instante assumem em sua poesia, sem falar nas obras cujo tema central é a partida. Goethe pode considerar como motivação de todas as situações trágicas o ato de partir porque percebia a sua estrutura dialética. A despedida é unidade, cujo único tema é a divisão; é proximidade que só tem diante dos olhos a distância, que aspira pela distância, mesmo quando a odeia; é ligação consumada pela própria separação, sua morte, como partida.

SCHOPENHAUER

> É o antagonismo da vontade consigo mesma que entra em cena aqui [na tragédia], desdobrado da maneira mais completa, com todo o pavor desse conflito, no mais alto grau de sua objetidade [*Objektität*]. Esse antagonismo torna-se visível no sofrimento da humanidade que é produzido, em parte, pelo acaso e pelo erro, que aparecem como dominadores do mundo, personificados como o destino em sua perfídia, quase com a aparência de uma vontade deliberada. Por outro lado, esse antagonismo também é produzido pela própria humanidade, pelo entrecruzamento dos esforços voluntários dos indivíduos, por meio da maldade e da tolice da maioria. É uma única vontade que vive e aparece em todos eles, mas as suas manifestações lutam entre si e se despedaçam mutuamente. ... Tudo o que é trágico, não importa a forma como apareça, recebe o seu característico impulso para o sublime com o despontar do conhecimento de que o mundo e a vida não podem oferecer nenhum prazer verdadeiro, portanto não são dignos de nossa afeição. Nisso consiste o espírito trágico: ele nos leva, assim, à resignação.[1]

O mundo como vontade e representação foi publicado pela primeira vez em 1819, em edição que não despertou interesse durante muito tempo. Naquele mesmo ano, Solger realizou as suas *Preleções sobre estética*, embora elas só tenham sido publicadas uma década mais tarde, em edição póstuma. A concepção do trágico formulada por Schopenhauer tem algo em comum com a de Solger. Para Schopenhauer, o processo trágico também é a auto-supressão [*Selbstaufhebung*] daquilo que constitui o mundo. Mas, enquanto em Solger a idéia se revela pela primeira vez como idéia em seu declínio (um pensamento semelhante ao de Schelling), em Schopenhauer a autonegação [*Selbstverneinung*] da vontade tem valor em si mesma. E enquanto a interpretação do trágico por Solger ainda se desenvolve inteiramente a partir da dualidade de idéia e existência, a concepção de Schopenhauer tem como base unicamente o conceito de vontade. Nesse conceito ele encontrou a resposta para a pergunta de Fausto sobre "o que mantém a coesão íntima do mundo" (os versos encontram-se em epígrafe ao segundo livro); a vontade é "a coisa em si, a fonte de todo fenômeno". Assim, Schopenhauer pode denominar o "autoconhecimento" da vontade "o único evento em si"[2], e o equipara ao processo trágico. Se em Solger esse processo se dá com a entrada da idéia divina na existência, em Schopenhauer ele se dá com a objetivação da vontade. O universo consiste em gradações da objetivação da vontade a partir do inorgânico, passando pela planta e pelo animal, em uma seqüência de estágios que leva até o homem. "Considerada puramente em si mesma, a vontade é destituída de conhecimento e consiste apenas em um impulso cego, incontrolável." Mas, nessa ascensão das suas formas de objetivação, a vontade "adquire o conhecimento de seu querer e do que ela quer, por meio do mundo da representação, desenvolvido a serviço dela".[3] A comunicação desse conhecimento é a única meta da arte.[4] Assim, o processo de objetivação e de autoconhecimento culmina no homem e na arte. Sob esses dois pontos de vista, a apresentação que Schopenhauer faz da tragédia interpreta o trágico como autodestruição e autonegação da vontade. Nos conflitos que constituem a ação da tragédia (quer se dêem entre homem e fatalidade ou entre homem e homem), Schopenhauer enxerga a luta das diversas manifestações da vontade umas com as outras, portanto a luta da vontade contra si mesma. A conclusão é que essa dialética trágica da vontade não se encontra no espaço temático da tragédia, mas surge apenas por meio de seu efeito sobre os espectadores e leitores: no conhecimento que comunica. No entanto, segundo Schopenhauer, mesmo o conhecimento provém "originalmente da própria vontade", "pertence à essência de seu grau mais alto de objetivação" e é "um meio para a conservação do indivíduo e do seu modo de ser. ... A serviço da vontade, determinada a cumprir os seus objetivos, esse conhecimento em geral permanece quase totalmente servil a ela: é assim no caso de todos os animais e no de quase todos os homens." Mas o conhecimento pode "escapar dessa servidão" em casos isolados e, assim, "livre de todos os objetivos da vontade", estabelecer a arte como "espelho claro do mundo".[5] Portanto, tem lugar na tragédia a possibilidade que está contida em toda arte: o conhecimento, que está enraizado na própria vontade e deveria servi-la, volta-se contra ela. A apresentação da autodestruição da vontade fornece ao espectador o conhecimento de que a vida, como objeto e objetidade dessa vontade, "não é digna de sua afeição", levando-o à resignação. Com isso, na resignação a própria vontade, cuja manifestação é o homem, é suprimida em uma dialética dupla. Pois não só a vontade se volta contra si mesma no conhecimento que ela própria "acendeu como uma luz"[7], mas também traz à tona esse conhecimento por meio da ação trágica, cujo único herói é a vontade, que aniquila a si mesma.

VISCHER

> O verdadeiro conceito do destino trágico é constituído por dois fatores: o absoluto e o sujeito. Ambos se encontram em relação entre si, uma vez que o segundo, o sujeito, de fato deve ao absoluto sua existência, suas forças, sua grandeza. Com isso, o sujeito aparece como um poder significativo. Mas só aparece assim; pois o trágico comprova o fato de que ele deve essa grandeza àquele poder mais elevado, e de que essa sua grandeza, comparada àquela, é apenas relativa e padece de fraquezas e fragilidade. Como no declínio da sublimidade humana se revela justamente a sublimidade divina, então essa dor é transposta, no espectador, para um sentimento de reconciliação.[1]

A interpretação do trágico de Vischer, extraída do tratado *Sobre o sublime e o cômico* (1837), é retomada quase inalterada em sua *Estética*, cujos volumes foram publicados entre 1847 e 1857. Essa interpretação depende em grande parte de Hegel, bem diferente da influência que Hegel teve sobre o pensamento de Kierkegaard, ou da que Schopenhauer teve sobre o Nietzsche do *Nascimento da tragédia*. Enquanto Nietzsche e Kierkegaard desde o início se afastaram de modo programático daquilo que os marcava mais fortemente, e assim alcançaram algo novo, Vischer se liberta gradativamente de Hegel durante seu longo trabalho na *Estética*. Só em 1873, na segunda *Crítica de minha Estética*, sua autocrítica, ele consegue chegar à seguinte conclusão: "Renuncio a todo o método de movimento conceitual hegeliano, que pretende ser o movimento lógico imanente da própria coisa."[2] Embora Vischer não tivesse, como ele próprio reconhece, "nenhuma idéia básica para uma obra inovadora, nem mesmo em linhas gerais, ou só em suas partes essenciais"[3], certamente há desvios em relação a Hegel presentes já desde o início. Esses desvios podem ser atribuídos a diferenças mais profundas, nem sempre conscientes para o próprio Vischer e que se escondem atrás das formulações.[4] Essas diferenças também dizem respeito, embora apenas em segundo plano, à interpretação do trágico por Vischer. Quando *Sobre o sublime e o cômico* foi escrito, apenas um volume das *Preleções sobre a estética* de Hegel tinha sido publicado. Assim, a exposição de Vischer usa a *Estética* hegeliana como base para o conceito de belo, mas usa a *Fenomenologia do espírito* como base para o conceito de trágico. A originalidade da concepção de Vischer reside mais no contexto do que no próprio texto. Exteriormente, ela consiste na tarefa de deslocar do processo do espírito absoluto a interpretação hegeliana da tragédia, transpondo essa interpretação para o sistema do belo. Mas não é na necessidade de tal deslocamento que se encontra o motivo da introdução do trágico no movimento dialético do belo, nem no esforço de conduzir a estética de Hegel (que parecia muito pouco dialética a Vischer) nessa direção, a fim de completá-la. O motivo é revelado na frase decisiva do texto de 1837: "O belo precisa expor para nós a *oposição* que ele soluciona e não só a solução."[5] Esse pensamento tem como motivação o fato de que Vischer pretende dar muito mais atenção do que Hegel ao acaso, como um dos fatores hipostáticos do belo, e com isso também ao individual e ao cômico. Segundo Ewald Volhard, essa atenção dada ao acaso remete, por sua vez, ao fato de que Vischer não compreende mais o conceito fundamental do seu sistema e do sistema hegeliano — a idéia — como um processo, mas como sendo estático, de maneira que ser e devir, espírito e realidade voltam a se separar, contrariando Hegel, e a realidade aparece em sua contingência. Com isso, o longo processo de desvinculação em relação a Hegel, que culmina na renúncia ao método do movimento conceitual hegeliano, é introduzido já no começo da estética de Vischer. *Sobre o sublime e o cômico* foi incluído na *Estética* como sua primeira parte, denominada "Metafísica do belo". Após a redução do belo a seus dois fatores, à idéia e à imagem, cuja unidade harmônica constitui a beleza, esse texto considera o belo "na contradição de seus fatores", uma formulação que está de acordo com a frase programática já citada. Vischer indica o sublime como primeiro contraste dentro do belo (o segundo será o cômico). No sublime, "a idéia encontra-se em uma relação negativa com a objetividade", e "o absoluto aparece elevado acima de toda existência imediata".[6] Vischer distingue ainda um sublime objetivo e um sublime subjetivo, cuja unidade dialética, o sublime do sujeito-objeto, é definida por ele como sendo o trágico. Com isso, Vischer está no âmbito da interpretação hegeliana da tragédia feita na *Fenomenologia*, mas a assume dentro do novo contexto criado por meio da dialética do belo. Enquanto o curso do pensamento de Hegel sobre o "espírito verdadeiro", que ele concebe como eticidade, conduz imediatamente à forma do trágico indicada na *Antígona*, Vischer divide sua seção sobre o trágico em três partes. Assim, enfatiza um fator essencial da dialética trágica que, em Hegel, resulta da própria matéria. No primeiro estágio, o sujeito é submetido ao absoluto, que é "o fundamento obscuro de um poder natural infinito"[7]; no segundo estágio começa, para Vischer, o "verdadeiramente trágico", e o destino impera "como justiça".[8] Apenas no terceiro estágio, que corresponde à exposição de Hegel na *Fenomenologia* e constitui para Vischer a "forma mais pura do trágico", o espírito absoluto aparece "como unidade puramente espiritual de todas as verdades e leis éticas", enquanto o sujeito "fez de *uma* dessas verdades éticas o seu próprio *pathos*".[9] Só então o conflito entre o absoluto e o sujeito se torna dialético. Pois agora é o mesmo *pathos* do sujeito que é simultaneamente justo e injusto: justo como eticidade, mas injusto por ser unilateral e afetar as outras leis éticas. Seguindo a formulação do escrito de 1837, o sujeito deve sua existência e grandeza ao absoluto, que é a ética em sua totalidade, mas, precisamente *porque* tem essa dívida com o absoluto, ele precisa sucumbir, como indivíduo entre indivíduos, e pode se encontrar diante de uma outra concretização da eticidade. Na *Estética*, Vischer interpreta a dialética trágica do sujeito que é destruído por si mesmo, justamente pelo fato de ser indivíduo — do mesmo modo que Hebbel e posteriormente Nietzsche —, como culpa da individuação. O sublime no sujeito é aniquilado não só por ser meramente um fragmento, mas também porque é "fragmento que está empenhado na separação do todo"[10]. Visto a partir do absoluto, o processo trágico é ao mesmo tempo a luta que a eticidade como tal trava contra si mesma, na configuração de suas particularidades contrárias. Mas, nesse sentido, o processo trágico é um processo dialético, no qual — distintamente da vontade schopenhaueriana e já como a idéia divina em Solger e o Dioniso de Nietzsche — o absoluto se revela diretamente em sua indestrutibilidade.

KIERKEGAARD

O trágico é a contradição sofredora. ... A perspectiva trágica vê a contradição e se desespera acerca da saída.[1]

A definição do trágico de Kierkegaard é semelhante à de Goethe, não só porque se faz sem determinação de conteúdo, mas também porque a visão formal de ambos os autores, não sendo guiada por nenhuma pretensão sistemática, inevitavelmente se apodera da mesma dialética do trágico. No entanto, a concepção de Kierkegaard se diferencia da de Goethe em dois pontos, que possibilitam uma visão mais precisa tanto da estrutura do trágico quanto da posição que essa concepção ocupa no pensamento de Kierkegaard. Enquanto Goethe fala de oposição, Kierkegaard escolhe, seguindo certamente o vocabulário da lógica de Hegel, o conceito de contradição [*Modsigelse*], para expressar com isso a unidade predeterminada das duas potências que colidem. Essa unidade faz da luta entre tais potências uma luta trágica. Aquilo que Goethe só acrescenta à sua definição do trágico ao aplicá-la ao *Carmagnola*, de Manzoni,[2] já é apontado por Kierkegaard com a palavra *Modsigelse*. Isso é afirmado expressamente em uma frase do *Ou/ou* [*Entweder/Oder*]: "Para que o conflito trágico tenha realmente profundidade, é preciso que as potências em contradição sejam de mesmo tipo."[3] Mas a segunda diferença é ainda mais importante. Embora Goethe tenha declarado a Zelter que o irreconciliável lhe parecia absurdo, ele aceitava a "oposição irreconciliável" em que o trágico se baseia como um dado objetivo, da mesma maneira que considerava a reconciliação que faz o trágico desaparecer algo independente do sujeito. Para Kierkegaard, por sua vez, a falta de saída da contradição trágica não se encontra na realidade, somente na "perspectiva" *do homem*. Assim, o homem tem a possibilidade, se não de forçar a saída, pelo menos de levar a contradição a um ponto de vista mais elevado, que não diz mais respeito a encontrar uma saída. Certamente uma tal superação do trágico já foi pensada nas interpretações idealistas desde Schelling; mesmo a resignação, na qual Schopenhauer enxerga a meta da superação, tem a mesma dignidade teológica que caracteriza a afirmação da liberdade em Schelling, ou o conhecimento da idéia divina em Solger. Em contrapartida Kierkegaard, um precursor religioso de um pensamento não religioso, separa o fator de redenção e o trágico e, com isso, prepara uma análise do trágico livre de toda atribuição de sentido metafísico. Para ele, isso quer dizer que o trágico só pode ser algo de provisório. O caminho que seu pensamento existencial segue não possibilita mais nenhum sistema, por isso condena da maneira mais severa justamente o sistema hegeliano, que é processual-objetivo. De acordo com a idéia do salto qualitativo, o pensamento de Kierkegaard assume diferentes estágios de existência como seus fundamentos, e o trágico também se restringe a um desses estágios, a saber, o ético, que é preciso superar. É por isso que o conceito de trágico desaparece dos escritos de Kierkegaard depois de 1846, e nas obras anteriores quase nunca é pensado por si mesmo, mas freqüentemente em contraste com os conceitos opostos do estágio religioso. Na comparação feita em *Terror e tremor*, Abraão é elevado, como "cavaleiro da fé", acima do "herói trágico" Agamenon. Nesse caso, seguindo os passos de Hegel, o jovem Kierkegaard certamente priva de sua radicalidade a "contradição sem saída", tal qual ela se dá para Agamenon na esfera ética, a fim de poder distinguir dessa contradição com mais veemência o paradoxo religioso do destino de Abraão: "O herói trágico abandona o certo em favor do ainda mais certo, e os olhos do observador repousam despreocupadamente sobre ele."[4] Depois que a doutrina dos estágios da existência é elaborada, o trágico e a possibilidade de sua superação são vistos de outra maneira. Em conexão com a concepção citada inicialmente, Kierkegaard escreve em *Pós-escritos não-científicos* (1846) que o desespero não conhece nenhuma saída, não conhece "a contradição suspensa, e por isso deveria conceber tragicamente a contradição; o que constitui justamente o caminho para sua cura. Aquilo que justifica o humor é precisamente o seu lado trágico, o fato de ele se conciliar com a dor de que o desespero pretende se abstrair, embora não conheça nenhuma saída."[5] Assim, no modo de pensamento e no "modo de vida" de Kierkegaard, o trágico é substituído pelo humor, definido como "o conflito entre o ético e o religioso", depois de já ter surgido como o "ponto de vista do religioso". Com isso, Kierkegaard não parece ser tanto um teórico do trágico, mas um teórico de seu conceito oposto: da ironia, do humor e do cômico, cuja afinidade com o trágico se tornou mais evidente para o autor à medida que se libertava dele. No posfácio à história do sofrimento de Quidam, Kierkegaard fez seu pseudônimo Frateer Taciturnus reconhecer: "Para mim a coisa não é tão ruim; sento-me aqui, inteiramente satisfeito diante do meu cálculo, e vejo ao mesmo tempo o cômico e o trágico."[6] No entanto esse distanciamento irônico de si mesmo mal consegue esconder que o conceito de trágico, para Kierkegaard, não era meramente um recurso auxiliar para a indagação acerca do religioso, mas a chave para o próprio problema do sofrimento, cuja solução (por enquanto irônica) ele esperava obter a partir daquele estágio mais elevado. A importância do trágico pode ser comprovada pelo esboço de uma tragédia sobre Antígona em *Ou/ou*, na qual a versão tradicional da história de vida de Kierkegaard foi absorvida. Édipo morre sem que os seus pecados tenham vindo à tona, e Antígona (que já os pressentia durante a vida de seu pai, mas silenciava e era vítima da melancolia) está "mortalmente apaixonada". Para poder se declarar ao amado, ela tinha de lhe confiar também o segredo de sua melancolia — mas se o fizesse o perderia. Kierkegaard escreve: "Só no instante da sua morte Antígona pode confessar a intimidade de seu amor, apenas no instante em que não pertencia mais a ele era-lhe possível admitir que lhe pertencia."[7] O autor compara esse segredo à flecha que Epaminondas deixou no ferimento depois da batalha, por saber que sua retirada lhe causaria a morte. Da mesma maneira, para Kierkegaard, ter conhecimento dos pecados de juventude de seu pai e consciência de sua própria falta constituiu um obstáculo entre ele e Regine. A tragicidade de Kierkegaard era a mesma de sua Antígona. Ele tinha que fazer Regine infeliz, desmanchando o noivado, pois era a sua única esperança de fazê-la feliz.[8] Kierkegaard interpretava a sua própria melancolia a partir da imagem da melancolia de Antígona, cujo sentido dialético está precisamente em que a libertação daquilo que traz a morte acaba por causá-la. O espinho bíblico na carne tornou-se, para Kierkegaard, o emblema trágico de sua vida.[9]

HEBBEL

O drama apresenta o processo vital em si ... no sentido em que nos torna presente a relação precária em que o indivíduo, libertado do nexo original, vê-se confrontado com o todo, do qual continua a ser uma parte, apesar de sua liberdade inconcebível.[1]

A arte ... sempre foi capaz de dissolver o isolamento por meio do excesso implantado no próprio isolamento, e de libertar a idéia de sua forma equivocada. No excesso está a culpa, mas ao mesmo tempo — o isolado [*Vereinzelte*] só é excessivo porque, sendo imperfeito, não tem nenhuma exigência de duração, e por isso precisa se esforçar para sua própria *destruição*. Então a conciliação [*Versöhnung*] também se encontra no excesso, na medida em que ela é buscada no domínio da arte. Essa culpa é a mais original, não podendo ser separada do conceito de homem e quase não surgindo conscientemente. Ela se coloca com a própria vida.[2]

Numerosas passagens do diário de Hebbel provam que, nessas frases de *Minha palavra sobre o drama* (1843), deve-se entender por "drama" a tragédia e por "arte" o trágico. Por exemplo a frase: "A vida é a grande torrente, as individualidades são gotas, mas as individualidades trágicas são pedaços de gelo que precisam ser novamente derretidos e, para que isso seja possível, destroem-se e pulverizam-se mutuamente."[3] Segundo Hebbel, assim como os pedaços de gelo o herói trágico se desprende de seu contexto original, ultrapassando com isso sua medida e causando a resistência de um outro. Uma vez que, por meio de sua forma modificada, ele contradiz a idéia da vida que flui, o herói trágico precisa sucumbir, embora a sua metamorfose em algo rigidamente isolado não advenha meramente de sua vontade, mas ao mesmo tempo do processo vital objetivo. Não é essa potência que aniquila diretamente o herói trágico, é uma outra individualidade, que compartilha de seu destino ao pagar pela vitória sobre o herói com sua própria derrocada, com o retorno para o todo do qual ambos se afastaram. Como o texto citado inicialmente indica, o emprego metafórico de um processo natural, por Hebbel, mostra que a tragicidade não deve ser separada da essência do homem. Segundo Hebbel, o homem volta-se necessariamente contra o todo da vida, pois obedece às leis da individuação; ele é aniquilado por sua própria natureza, pelo fato de ser o que é. Hebbel considera que "não é indiferente o fato de o herói perecer graças a um esforço louvável ou a um esforço reprovável, mas é necessário, caso se deva obter a imagem mais impactante, que aconteça o primeiro caso, não o segundo"[4]. Essa concepção do trágico, cuja essência dialética fica evidente, traz a marca de Hegel e Solger.[5] O que Schelling via no trágico era a luta da liberdade subjetiva contra a necessidade objetiva, a confirmação da liberdade por meio da sua própria derrocada. O jovem Hegel, por sua vez, via no trágico a autodivisão e a autoconciliação [*Selbstversöhnung*] da eticidade. Solger foi o primeiro a formular o pensamento de que a tragicidade remonta à impossível união entre idéia e existência, à introdução do divino nas oposições da realidade, nas quais ele é tanto aniquilado quanto revelado primordialmente. De fato, Hegel adotou o mesmo tema de Solger na *Estética*, que explica o trágico a partir da manifestação do divino no mundo da particularidade, diferentemente da *Fenomenologia* e do escrito sobre o direito natural. Assim como Schopenhauer e posteriormente Nietzsche, Hebbel também considera, seguindo Hegel, o princípio de individuação como o autêntico fundamento do trágico. Contudo, a concepção de Hebbel acerca do trágico se diferencia tanto do otimismo de Hegel e Nietzsche, que se baseiam respectivamente na crença no curso do espírito e no poder do dionisíaco, quanto do pessimismo de Schopenhauer, que produz a consolação a partir de si mesmo na resignação. O pensamento de Hebbel caracteriza um ponto de transição na história intelectual do século XIX, uma vez que ainda segue o caminho metafísico do idealismo, mas sem saber o sentido que anteriormente serviu como guia para o começo desse caminho. "A vida é uma necessidade terrível, que tem de ser aceita com base na confiança e na crença, mas que ninguém compreende"[6], diz seu diário. E em outra passagem ele afirma: "O destino moderno é a silhueta de Deus, do incompreensível e do inabarcável."[7] Ao se perguntar por que tinha de acontecer a fissura que separa o indivíduo do todo da vida, Hebbel não encontrou "nunca uma resposta, e ela nunca será encontrada por quem faz a pergunta seriamente"[8]. Assim, à medida que "o drama se perde junto com o mistério do mundo em uma única noite"[9], a tragicidade do homem se intensifica em uma perspectiva dupla. Na obra de Hegel, o herói trágico, cujo *pathos* representa univocamente a eticidade, incorre em culpa apenas com relação às outras personificações da eticidade, mas não perante a própria eticidade. Em Hebbel, o homem é culpado com relação a um poder vital, que ele não conhece nem compreende, em um processo racionalmente insolúvel que lembra Kafka. Esse desvio de Hebbel em relação a Hegel (cujo conceito de culpa ele ainda acredita compartilhar)[10] vem à tona em sua interpretação da *Antígona*. Hebbel não vê Creonte como um herói trágico em pé de igualdade com Antígona, e considera que ela sucumbe pela culpa, não em relação à lei, mas contra a totalidade da vida, da qual se desvinculou enquanto individualidade.[11] De acordo com essa radicalização da culpa em Hebbel, a conciliação se torna impossível "na esfera da compensação individual"[12], portanto na própria tragédia. No entanto Hebbel também abandona o ponto de vista do idealismo na atribuição de sentido que se torna visível para além da obra. Se, para Solger, o fato de a existência não poder suportar o eterno atesta sua vocação para o eterno, e se Schopenhauer afirma a auto-suspensão da vontade na resignação, para Hebbel a arte trágica "aniquila a vida individual diante da idéia" e assim "se eleva acima dela". Por isso a arte trágica é apenas "o relâmpago brilhante da consciência humana, o qual ... não pode iluminar nada sem destrui-lo"[13]. Assim, o sentido que a tragédia permite que se reconheça no aniquilamento é ele mesmo aniquilado no próprio conhecimento. A "pantragicidade" de Hebbel culmina na tragédia da arte trágica. Evidentemente a fundamentação metafísica abandonada é às vezes substituída, em Hebbel, pela fundamentação baseada na filosofia da história, seguindo as idéias de Hegel, para quem o processo do espírito constitui ao mesmo tempo a história universal.[14] Quando se torna meramente histórico, esse processo do espírito aparece na concepção do ato trágico, no prólogo a *Maria Madalena.* O ato de Judith é denominado aqui "trágico", "isto é, *em si* um ato *necessário* em função da meta da história universal, mas ao mesmo tempo *aniquilador* do indivíduo encarregado de sua execução, porque infringe parcialmente a lei ética"[15]. Não é por acaso que essa frase se encontra justamente no prefácio que pretende justificar o "drama burguês" [*bürgerliches Trauerspiel*]. Ambos os pontos indicam que Hebbel está no caminho que leva do idealismo ao historicismo sociológico. Como demonstra o esboço de uma tragédia sobre Napoleão, até mesmo o termo "isolamento", que Hebbel usa como conceito fundamental em sua interpretação do trágico, em lugar de "particularização" ou "*principium individuationis*", tem um sentido social concreto que acompanha o sentido metafísico. Em 1838, Hebbel escreve em seu diário que o erro de Napoleão está no "fato de ele ter confiança no poder", de conseguir realizar "tudo por si mesmo, por meio de sua própria pessoa". Esse erro é "inteiramente baseado em sua grande individualidade e, em todo caso, é o erro de um deus". Mas Hebbel desloca decisivamente essa característica, que também poderia ser a de Holoferne, para a sociologia histórica ao acrescentar que esse erro é "o bastante para arruiná-lo", "especialmente em nosso tempo, quando o indivíduo vale menos que a massa"[16].

Nietzsche

> Quem nunca experimentou a necessidade de, ao mesmo tempo, olhar e ansiar por algo além do olhar dificilmente imaginará como esses dois processos subsistem lado a lado e são sentidos lado a lado, de modo claro e definido, quando se faz uma consideração do mito trágico. Mas o verdadeiro espectador estético confirmará que, entre os efeitos característicos da tragédia, essa coexistência é o mais notável. Agora transponha esse fenômeno do espectador estético para um processo análogo no artista trágico, e você entenderá a gênese do *mito trágico*. Ele compartilha com a esfera da arte apolínea o prazer total na aparência e no olhar, mas ao mesmo tempo nega esse prazer e encontra uma satisfação ainda mais elevada no aniquilamento do mundo visível da aparência.[1]

O nascimento da tragédia (1870-71) tem como *pathos* a rejeição da doutrina da resignação de Schopenhauer, mas o seu texto é marcado até nos mínimos detalhes pelo sistema desse filósofo. Embora no ponto decisivo o modelo de Schopenhauer certamente apareça apenas como algo negativo, ele se revela não só na interpretação da música, como também na do processo trágico, e ainda nos dois conceitos fundamentais desse escrito de juventude de Nietzsche. Os conceitos de Schopenhauer de "vontade" e "representação" podem ser vistos como antepassados dos dois princípios artísticos nietzschianos, o "dionisíaco" e o "apolíneo". Nietzsche reencontra o ímpeto cego original do conceito de vontade no mundo dionisíaco da embriaguez, e a visibilidade e o autoconhecimento do conceito de representação no mundo apolíneo do sonho e da imagem, cujo imperativo para os homens é: "Conhece-te a ti mesmo."[2] Assim, os conceitos metafísicos de Schopenhauer tornaram-se estéticos, da mesma maneira que a metafísica enquanto tal aparece, na obra de Nietzsche, como estética: "A existência e o mundo justificados apenas como fenômenos estéticos." Daí sua exigência de esclarecer o mito trágico a partir da esfera estética.[3] De fato a exegese que Nietzsche faz do trágico parece ser proveniente de sua interpretação da tragédia ática, entendida como a conciliação dos dois princípios artísticos que, nos períodos anteriores da arte grega, encontravam-se permanentemente em conflito, como "o coro dionisíaco que sempre desemboca em um mundo apolíneo da imagem"[4]. Ao mesmo tempo, a interpretação de Nietzsche repete com maior precisão, mesmo que inversamente, a imagem que Schopenhauer esboçou do processo trágico. Se Schopenhauer via os poderes conflitantes da tragédia como manifestações da vontade, Nietzsche afirma que, até Eurípides, Dioniso "nunca deixou de ser o herói trágico, e todas as figuras famosas do palco grego, Prometeu, Édipo e assim por diante, são apenas máscaras daquele herói original, Dioniso"[5]. Esse seu destino, de ser esfacelado, transmitido no mito e celebrado de maneira renovada em cada tragédia, é compreendido por Nietzsche como símbolo da individuação, de modo que é possível ver no herói trágico "o deus que experimenta em si o sofrimento da individuação"[6]. O destino de Dioniso corresponde, em Schopenhauer, à sorte que está reservada à vontade na tragédia: os indivíduos em que ela aparece dilaceram a si mesmos. É justamente nessa correspondência que se mostra, de modo especialmente claro, a afinidade entre o conceito de "apolíneo" em Nietzsche e o de "representação" em Schopenhauer. Enquanto para Schopenhauer a vontade se objetiva em seu grau mais elevado na encenação trágica [*Trauerspiel*]*, Nietzsche caracteriza o diá-

* O termo *Trauerspiel* será traduzido, na segunda parte do livro, por "drama barroco", levando-se em conta a referência a Walter Benjamin (*Ursprung des deutschen Trauerspiels [Origens do drama barroco alemão*]).

logo dramático como "objetivação de um estado dionisíaco". Tanto no conceito de apolíneo quanto no de representação, a individuação se contrapõe ao uno-original (o dionisíaco ou a vontade). Mas essa comparação também traz à tona, simultaneamente, a diferença decisiva entre a concepção de Nietzsche e a de Schopenhauer. Em Schopenhauer, a vontade suprime a si mesma, por meio do processo trágico em que suas manifestações se dilaceram, tendo como efeito no espectador o abandono de si, a resignação graças ao conhecimento. Para Nietzsche, por sua vez, o dionisíaco irrompe de seu despedaçamento na individuação justamente como um poder indestrutível, que constitui então a "consolação metafísica" oferecida pela tragédia. Em contraposição à dialética negativa de Schopenhauer, encontra-se em Nietzsche uma dialética positiva, que lembra a interpretação de Schelling nas *Cartas*. Enquanto a vontade nega a si mesma em sua objetivação ao se mostrar, o dionisíaco se afirma justamente na medida em que, a despeito de seu prazer na aparência apolínea que constitui a sua objetivação, nega esse prazer e essa aparência, criando um prazer mais elevado a partir do aniquilamento do mundo visível da aparência. Assim, a arte não é mais o espelho claro em que o mundo da individuação expressa o juízo sobre a vontade, mas um signo de que a individuação representa tanto "o fundamento primordial do mal" quanto "a esperança alegre de que o feitiço da individuação possa ser quebrado" — "o pressentimento de uma unidade restabelecida"[7].

Apenas aqui, onde o termo aparece no contexto da filosofia de Schopenhauer, optou-se por "encenação trágica". (N.T.)

SIMMEL

> Em contraste com uma fatalidade triste ou que destrói a partir de fora, designamos como fatalidade trágica o seguinte: que as forças aniquiladoras voltadas para um ser originam-se precisamente das camadas mais profundas desse mesmo ser, e com sua destruição cumpre-se um destino que está ancorado nesse mesmo ser e constitui, por assim dizer, o desenvolvimento lógico justamente da estrutura com a qual o ser construiu sua própria positividade.[1]

Se o trágico aparece no sistema metafísico e estético do idealismo alemão como seu processo dialético central, os filósofos da era pós-idealista o deslocam para a dialética dos conceitos e representações em nome dos quais revogam o pensamento sistemático. Em Kierkegaard, são os estágios da existência que não podem mais ser alinhados sistematicamente em um pensamento; em Nietzsche, é a esfera do estético. Na obra de Georg Simmel, o conceito de trágico surge em conexão com o de vida. O mesmo se aplica a Dilthey, que em seu esboço *A consciência histórica e as concepções de mundo*, publicado postumamente em 1931, faz a seguinte anotação, sob o título "Ponto fundamental da tragicidade": "Pensamento: relação de componentes. Isso em oposição ao conceito de vida do todo. Mas a tragicidade reside no fato de que só podemos ter esse conceito de vida sob essa forma."[2] Diversas vezes, talvez independentemente de Dilthey, Simmel demonstrou a dialética trágica segundo a qual a vida só pode ser apreendida na forma em que não é mais apreendida como vida. Nessas demonstrações, ele usa exemplos extraídos de situações concretas da vida, na qual o fator do conceito é substituído por outros fatores, tanto os necessários quanto os contrários à vida. É nessa dialética trágica que se baseia o ensaio de 1912 "O conceito e a tragédia da cultura". Esse ensaio tem como ponto de partida o espírito como que modificado, transformado em objeto, que "se opõe à vitalidade torrencial, à responsabilidade autônoma, às tensões cambiantes da alma subjetiva. Como espírito, ele está ligado da maneira mais íntima ao espírito, mas precisamente por isso vivencia inúmeras tragédias nessa profunda oposição formal: entre a vida subjetiva, que é infatigável mas finita do ponto de vista temporal, e seus conteúdos, que, uma vez criados, são imutáveis mas válidos de modo atemporal."[3] Muitas vezes, é "como se a mobilidade produtiva da alma morresse em função de sua própria produção"[4]. E "assim surge a situação trágica em que a cultura, já em seus primeiros momentos de existência, engloba efetivamente a forma de seu conteúdo que está determinada, como por uma necessidade imanente, a desviar, onerar, tornar infatigável e conflitante a sua essência mais íntima: o caminho da alma, de si mesma, enquanto incompleta, para si mesma, enquanto completa"[5]. Simmel vê da mesma maneira, em seu diário, o "fenômeno trágico fundamental" do matrimônio, uma vez que "a vida cria para si uma forma que, embora lhe seja indispensável, pelo mero fato de ser forma vai contra a mobilidade e a individualidade da vida"[6]. Esse conceito vital de individualidade retorna em outra frase de seu diário, que tem por objeto a tragicidade do amor: "O amor só é despertado na individualidade e se despedaça na insuperabilidade da individualidade."[7] Uma passagem mais adiante designa como "a grande e autêntica tragicidade da ética: quando não se tem o direito àquilo que se tem como obrigação"[8]. Aqui, o conceito central da filosofia de Simmel já foi abandonado, e o trágico foi elevado acima da idéia fundamental que acaba retomando, na era pós-idealista, a reivindicação de totalidade do pensamento sistemático sobrepujado, contra o qual aquela idéia inicialmente se insurgiu. Foram justamente o discutível caráter vago e sem conteúdo de seu conceito de vida e a forma dialética de seu pensamento (forma devida a Hegel) que permitiram a Simmel uma visão do fenômeno do trágico, o que fica claro já no texto citado inicialmente, disposto quase acidentalmente no ensaio "O conceito e a tragédia da cultura". Essa visão torna possível não só compreender como trágicos os diversos fenômenos trágicos em sua estrutura comum, como também preservar a sua particularidade. Assim como Goethe e Kierkegaard fizeram antes dele, mas de um modo mais legítimo, Simmel viu o trágico a partir de um ponto de vista que, embora ainda faça parte da representação humana, não se refere a nada além do próprio trágico. Apesar de sua formulação lingüística, a concepção do trágico em Simmel é de fato a única em que se pode basear uma interpretação que pretenda encontrar, nas tragédias, configurações do trágico, e não a imagem refletida de seus próprios filosofemas.

SCHELER

> Trágico é o "conflito" que reina nos valores positivos e nos seus próprios portadores. ... No sentido mais marcante, há trágico ... quando uma mesma força permite a uma coisa a realização de um valor altamente positivo (de si mesma ou de uma outra coisa), e no decorrer do processo de tal realização torna-se a causa do aniquilamento dessa mesma coisa como portadora de valor.[1]

A interpretação de Scheler do trágico no ensaio "Sobre o fenômeno do trágico" (1915), embora deixe transparecer a influência da análise de Simmel, já se encontrava no contexto do livro, publicado em 1913, *O formalismo na ética e a ética de valor material (com referência especial à ética de Immanuel Kant).* O principal objetivo desse livro é superar fenomenologicamente o sistema kantiano no campo da ética. Em seu ponto de partida, ele ainda remete à filosofia da vida; no entanto censura Kant por ter pretendido que a vida "não constitui de modo algum um fenômeno fundamental".[2] Justamente porque a "vida", enquanto uno indivisível, constitui um fenômeno fundamental, a fenomenologia considera que sua tarefa é a de demolir as barreiras entre sujeito e objeto. Assim, Scheler também quer superar a diferença que a filosofia crítica estabeleceu entre o mundo *a priori* do formal e o mundo da matéria. Para fundamentar uma ética que é ao mesmo tempo material e *a priori*, Scheler esboça como sua base uma fenomenologia das qualidades de valor, que segundo ele, manifestam "um âmbito próprio de *objetos*".[3] O ponto mais importante dessa fenomenologia é a aceitação de valores positivos e negativos, assim como de valores superiores e inferiores, cuja existência deve se localizar "na essência dos valores". Com isso também ganha forma o fundamento para a interpretação do trágico em Scheler. Nos sistemas do idealismo, o trágico aparece como o processo dialético do auto-aniquilamento, ou da autoconfirmação por meio do auto-aniquilamento — processo experimentado pelo valor superior de cada sistema: a liberdade de Schelling, a idéia divina de Solger, a vontade de Schopenhauer ou o princípio do dionisíaco de Nietzsche. Como a fenomenologia de Scheler, por sua vez, não admite mais um valor superior, apenas diferencia os valores positivos e negativos, superiores e inferiores, o trágico se mostra como conflito entre valores positivos e negativos e, no caso ideal, entre valores de grau igualmente elevado.[4] Em um esquema que corresponde à estrutura triádica de Vischer, na qual o opositor da moralidade subjetiva aparece primeiro como *fatum*, em seguida como justiça e, finalmente, como totalidade das verdades morais, fundando a forma mais pura da tragicidade [*Tragik*], Scheler também estabelece uma gradação dos fenômenos trágicos, que só é concluída ao ultrapassar a identidade elevada dos valores em conflito. Essa conclusão ocorre "quando uma mesma força permite a uma coisa a realização de um valor altamente positivo", e justamente por meio de tal processo "torna-se a causa do aniquilamento dessa mesma coisa como portadora de valor". Ao estabelecer um mundo autônomo dos valores e da diferenciação fenomenológica desses valores, Scheler chega a uma estrutura dialética do trágico como a que aparece em Schelling e Hegel e que, em Simmel, é despida de sua última roupagem conceitual. O fato de a concepção do trágico em Scheler se enraizar na ética material do valor não prejudica a sua validade, uma vez que todo o trágico sem dúvida — como Scheler defende inicialmente — move-se "na esfera de valores e relações de valores".[5] Por outro lado, essa ética dos valores não alcança nenhum conhecimento novo acerca do trágico, expressando apenas algo já implícito em todas as definições anteriores, e que é tematizado em outro contexto, a saber, na fundamentação de uma ética fenomenológica. Scheler também demonstra perfeitamente que reconheceu a estrutura do trágico ao formular uma idéia em que, abandonando a terminologia da ética do valor, oferece um modelo mitológico de todos os caminhos trágicos, ao considerar o vôo de Ícaro trágico, pois quanto mais ele se aproxima do sol, mais se derrete a cera que fixa suas asas.[6]

Transição
Filosofia da história da tragédia e análise do trágico

A própria história da filosofia do trágico não está livre de tragicidade. Ela é como o vôo de Ícaro: quanto mais o pensamento se aproxima do conceito geral, menos se fixa a ele o elemento substancial que deve impulsioná-lo para o alto. Ao atingir a altitude da qual pode examinar a estrutura do trágico, o pensamento desaba, sem forças. Quando uma filosofia, como filosofia do trágico, torna-se mais do que o reconhecimento da dialética a que seus conceitos fundamentais se associam, quando tal filosofia não concebe mais a sua própria tragicidade, ela deixa de ser filosofia. Portanto, parece que a filosofia não é capaz de apreender o trágico — ou então que não existe *o* trágico.

Walter Benjamin chegou a essa mesma conclusão. Seu trabalho sobre a *Origem do drama barroco alemão* constitui uma resposta à crise em que se encontrava a problematização do trágico na virada do século, com Volkelt e Scheler. Embora Benjamin renuncie ao conceito geral de trágico, o caminho que ele toma não leva de volta a Aristóteles.[1] Pois Benjamin não substitui a filosofia do trágico pela poética, mas pela filosofia da história da tragédia. O método de Benjamin é filosofia, porque pretende conhecer a idéia e não a lei formal da poesia trágica, mas essa filosofia se recusa a ver a idéia da tragédia em um trágico em si, em algo que não esteja ligado nem a uma situação histórica, nem necessariamente à forma da tragédia, à arte em geral. A idéia, como define a introdução da teoria do conhecimento de Benjamin, não é um universal que contém o particular, nem um conceito a que os fenômenos devem ser subsumidos, e sim a "ordenação virtual objetiva" deles, sua "configuração".[2] Benjamin não chega a essa renúncia do conceito geral do trágico simplesmente através do método da filosofia da história, mas também por meio de seu objeto: o drama barroco [*Trauerspiel*]. Definir a idéia desse gênero é a meta de seu livro, e é a serviço dessa meta que está a descrição da tragédia ática, concebida como a contra-imagem do drama barroco:

> A poesia trágica se baseia na idéia de sacrifício. Mas no que diz respeito à sua vítima — o herói — o sacrifício trágico é diferente de qualquer outro, sendo ao mesmo tempo um primeiro e um último sacrifício. Último no sentido de oferecer sacrifício a deuses que estão preservando um direito antigo; primeiro no sentido da ação representativa em que se anunciam novos conteúdos da vida do povo. Esses conteúdos são diferentes dos antigos aprisionamentos que levavam à morte, pois não remetem a uma ordem superior, mas à própria vida do herói; e eles o aniquilam porque são inadequados à vontade individual e só trazem prosperidade para a vida da comunidade de um povo ainda por nascer. A morte trágica tem o duplo significado de enfraquecer o velho direito dos olímpicos e, como principiadora de uma nova colheita da humanidade, oferecer o herói em sacrifício ao deus desconhecido.[3]

Na imagem que Benjamin propõe da tragédia, associam-se ao sacrifício mais dois fatores, considerados dramaturgicamente como correlatos do sacrifício na construção da ação e no caráter do herói. Benjamin escreve que a atuação trágica expõe em seus personagens uma "opressão muda" e que, entre os espectadores, "essa atuação se consuma na contestação muda do *agon*".[4] O fator agonístico já aparece na "derivação hipotética tomado pelo processo trágico na corrida de sacrifício em torno da *thymele*", e retorna no fato de que "os jogos teatrais áticos ocorriam em forma de disputas".[5] Mas a falta de palavras do herói, da qual Benjamin já tratara no ensaio anterior "Destino e caráter",[6] está baseada em sua relação com a comunidade pela qual ele se sacrifica:

> O conteúdo das ações heróicas pertence à comunidade do mesmo modo que a língua. Como a comunidade de um povo

> renega esse conteúdo, ele permanece sem fala no herói. ... Quanto maior a discrepância entre a palavra trágica e a situação — que não deve mais ser chamada de trágica quando não há discrepância —, tanto maior a certeza de que o herói escapou dos estatutos antigos. Quando afinal eles o incluem, ele lhes lança apenas a sombra muda de seu ser, aquele seu eu como sacrifício, enquanto a alma se salva, passando para a palavra de uma comunidade distante.[7]

Para Benjamin, a idéia da tragédia constitui-se a partir dos fatores do sacrifício, da ausência de palavras e do *agon*. Mas por "tragédia" ele entende apenas a tragédia dos gregos, cujo "confronto com a ordem demoníaca do mundo ... confere à poesia trágica sua marca em termos de uma filosofia da história"[8].

Nada seria mais alheio às intenções de Benjamin do que querer determinar, na configuração desses fatores, aquele que produz pela primeira vez a poesia trágica, e a partir do qual se poderia extrair, então, um conceito geral de trágico. Entretanto, não se deve deixar de notar que a análise benjaminiana do sacrifício está intimamente ligada às exposições efetuadas por Hölderlin no *Fundamento para Empédocles* e no ensaio *Sobre o devir no perecer*;[9] por Hegel, no exemplo de Sócrates; e por Hebbel, no prefácio de *Maria Madalena*.[10] Hegel escreve:

> O destino de Sócrates é ... autenticamente trágico. ... O princípio do mundo grego ainda não podia suportar o princípio da reflexão subjetiva; então esse segundo princípio apareceu como algo hostil e destrutivo. Assim, o povo ateniense era não só autorizado, mas obrigado a reagir contra isso segundo as suas leis; portanto, eles consideravam o princípio da reflexão subjetiva como crime. Essa é a posição dos heróis na história universal em toda parte; por meio deles ergue-se um novo mundo.[11]

O conceito de sacrifício em Benjamin também tem em comum com essas concepções do trágico a sua estrutura dialética. Na interpretação de Benjamin, devemos chamar de trágicas as seguintes situações: quando a emancipação em relação ao "direito antigo" só pode ocorrer caso ele seja venerado novamente; quando a libertação de "sentenças de morte" acaba exigindo como prêmio a própria morte; quando os "novos conteúdos da vida do povo" demandam para sua realização o indivíduo como herói, mas precisam aniquilá-lo, já que são "inadequados à vontade individual". De fato, Benjamin não quis concluir, a partir dessa estrutura dialética do sacrifício na tragédia grega, que havia uma essência dialética do trágico em geral, mas essa dialética não lhe passou despercebida. Tudo indica que Benjamin — como fez Hegel no escrito sobre o "Espírito do cristianismo"[12] — alia a gênese do trágico à gênese da dialética, ainda que não utilize essa terminologia. A passagem já citada sobre a caracterização da poesia trágica em termos de filosofia da história assim prossegue:

> O trágico está para o demoníaco assim como o paradoxo [é assim que Benjamin designa o dialético] está para a ambigüidade. Em todos os paradoxos da tragédia — no sacrifício que, obedecendo a estatutos antigos, institui novos; na morte que é expiação e no entanto só leva o eu; no desfecho que decreta a vitória do homem e também do deus — a ambigüidade, estigma dos demônios, encontra-se em declínio.[13]

Se em Benjamin o paradoxo liberta da ambigüidade, em Hegel é a dialética que liberta do dualismo exigido pela lei objetiva. Justamente pela grande proximidade de seus pensamentos, essa diferença entre Benjamin e Hegel é especialmente relevante. E o fato de Hegel pensar sobretudo na *Antígona* e Benjamin, no *Édipo* não explica satisfatoriamente essa diferença. Tudo indica que há uma motivação histórica para a circunstância de Benjamin não considerar, como faz Hegel, o herói trágico em luta não contra uma lei criada pelo homem, mas contra um poder demoníaco. As definições de trágico dadas por Hegel, nos escritos sobre o "Direito natural" e sobre o "Espírito do cristianismo" são dirigidas contra os remanescentes do Esclarecimento [*Aufklärung*] racionalista. Benjamin, por sua vez, advoga justamente em favor do novo Esclarecimento que se ergue contra o irracionalismo dos séculos XIX e XX e sua rendição ao mito. Segundo Benjamin, esse novo Esclarecimento é defendido na *Dialética do Esclarecimento* de Max Horkheimer e Theodor W. Adorno, assim como no *Princípio da esperança* de Bloch, cujos comentários sobre a "morte como cinzel na tragédia" remetem, não por acaso, à obra de Walter Benjamin.[14]

Embora a visão baseada na filosofia da história (cuja convicção de que o trágico é condicionado historicamente permite que se renuncie a seu conceito geral e atemporal) não possa escapar da interpretação histórica, ela não perde o seu significado para a compreensão das formas históricas da tragédia e do drama barroco. Nem suas reservas acerca da filosofia do trágico a que ela deve o seu surgimento são invalidadas por isso. Tampouco depõe contra essa visão o fato de ela compartilhar da estrutura dialética que perpassa todas as definições do trágico, de Schelling a Scheler, como seu único traço constante. Mas a necessidade da limitação histórica do trágico à tragédia ática torna-se duvidosa, uma vez que o próprio Benjamin — que não só renuncia ao conceito geral de trágico, como também acredita que pode descartar toda a teoria da tragédia do idealismo alemão, por ser baseada erroneamente nos conceitos de culpa e expiação[15] — depara-se com o fator do dialético em sua interpretação dada a partir da filosofia da história. É esse fator dialético que expõe o denominador comum das diversas definições idealistas e pós-idealistas do trágico e, com isso, constitui uma possível base para o seu conceito geral. Isso não é evidente na obra de Benjamin sobretudo porque seu objeto é o drama barroco. Quando vai além do período antigo e do barroco, ele pode se restringir às formas tardias desse gênero, como elas aparecem, por exemplo, no *Sturm und Drang*, ou na *Noiva de Messina* de Schiller, sem ter que incluir em sua consideração tragédias como *Demétrio*, também de Schiller, e *Fedra*, de Racine.

Mas o significado do fator dialético para o conceito de trágico resulta, também, do fato de que o trágico já é perceptível mesmo quando não há menção a ele, mas apenas à tragédia como obra de arte concreta: na *Poética* de Aristóteles e nas obras de seus discípulos. Em busca do tipo de ação mais apropriado para despertar medo e compaixão, Aristóteles chega à exigência de que a peripécia ocorre em conseqüência não de censuras morais, mas sim da grave transgressão de uma pessoa "de qualidade mediana, ou antes melhor do que pior"[16]. Neste caso, assim como a culpa deve provir de uma virtude relativa (pois o infortúnio do herói realmente virtuoso não desperta, segundo Aristóteles, medo e compaixão, mas desgosto), outro capítulo da *Poética* destaca especialmente a dialética de ódio e amor, mais uma vez com base em uma reflexão sobre o efeito trágico. Acontecimentos dolorosos podem ser considerados terríveis e tocantes no mais alto grau quando ocorrem em relações de afeto, "quando por exemplo um irmão mata um irmão ou a mãe mata o filho..."[17]. É o mesmo argumento que leva Lessing a passar do efeito para a estrutura dialética do trágico, quando pergunta, na *Dramaturgia de Hamburgo*: "Por que um poeta não deveria ser livre para intensificar ao máximo nossa compaixão por uma mãe tão delicada, para fazer com que ela se torne infeliz por meio de sua própria ternura?"[18] Por fim, formulações desse tipo aparecem também em Schiller, embora ele permaneça fiel a Aristóteles, diferentemente de seus contemporâneos, procurando conceber a tragédia a partir de seu efeito. Assim, no ensaio "Sobre a arte trágica", ao enumerar as diversas formas do comovente, ele afirma: "Esse gênero de comovente ainda é superado por aquele em que a causa do infortúnio não apenas não contradiz a moralidade, como também só é possível por meio da moralidade."[19] E no caderno de estudos para o *Demétrio* encontra-se esta frase lapidar: "Quando deve haver infortúnio, mesmo o bem deve causar algum dano."[20] O surgimento da dialética na poética pré-filosófica da tragédia é tão notável quanto o fato de que a dialética parece preservada das diferenças essenciais indicadas pelas concepções do efeito trágico em seus diversos representantes — Aristóteles, Lessing e Schiller.

Assim, a estrutura dialética do trágico não permanece restrita ao ponto de vista filosófico; ela também é conhecida do ponto de vista dramatúrgico, ou daquele fundamentado na filosofia da história, embora quase sempre com uma particularização conceitual, de modo que não se considera a dialética como trágica. Apesar disso, ela deve valer como critério para as definições do trágico. Não há dúvida de que, entre os pensadores de menor importância que se dedicaram com grande paixão a esse problema no século XIX, a maioria estava no caminho certo, mesmo que suas teorias do trágico normalmente não pudessem ser separadas de uma concepção de mundo "pantrágica", mais autobiográfica do que filosófica. Uma frase do livro *O trágico como lei universal e o humor como forma estética do metafísico*, de Julius Bahnsen, pode servir como exemplo: "No trágico, torna-se evidente a autodivisão incondicionalmente irreconciliável do cerne de todos os seres".[21] Um outro autor, Eleutheropulos, define o trágico como a "negação da vida por necessidade interna"[22]. Mais importante que a unilateralidade de tais definições (traço que também marca os filósofos e estetas mais influentes) é o fato de o fator dialético passar despercebido, como na definição de J.H. Kirchmann: o trágico é "o declínio do sublime"[23]. Essa definição só poderia ser salva se acrescentássemos que o declínio do sublime é causado por sua própria sublimidade, ou que o homem de fato não pode viver sem o sublime, e no entanto tem de anular o sublime justamente por meio da sua vida, por meio da realização do próprio sublime.

Apesar da ubiqüidade do fator dialético, que não é afetada nem por fronteiras históricas ou metodológicas, devemos considerar que a estética do idealismo alemão e também do período posterior se recusou rigorosamente a deslocar o elemento dialético para o centro da consideração do trágico. Um dos motivos para isso, mas não o único, é que a preocupação primordial dos pensadores mais significativos, como Schelling, Hegel, Hölderlin, mas também Solger e Schopenhauer, não era definir o trágico, mas eles se depararam, no âmbito de suas filosofias, com um fenômeno a que denominaram *o* "trágico", embora fosse *um* trágico: a concreção do trágico no pensamento de cada um deles. A timidez diante da concepção dialética do trágico também resulta de que ela não é de modo algum suficiente, de que ela não é reversível. Se o trágico fosse o declínio do sublime, então seria sempre trágico quando o sublime acaba. Mas, como nem toda dialética é trágica, o trágico teria que ser reconhecido como uma determinada forma da dialética em um determinado espaço, sobretudo por meio da diferenciação em relação a seus conceitos opostos, que são igualmente estruturados de modo dialético: o cômico, a ironia, o humor.[24] Essa tarefa fica reservada para um estudo posterior. De uma maneira ainda mais decisiva, a timidez mencionada antes poderia ser motivada pelo fato de que não é possível reduzir ao conceito lógico de dialética um fenômeno como o trágico, ao qual se deve o mais alto estágio da poesia, e que muitas vezes foi concebido como sendo intimamente ligado ao significado da existência. No entanto, esse significado tem que ser constantemente redefinido na análise das tragédias singulares, enquanto as definições do trágico desde Schelling dirigem-se sempre para a significação especial do filósofo, para o seu projeto metafísico. Nesse sentido, a filosofia do trágico concorda com a poesia trágica: em vez de se falar da definição do trágico por Schopenhauer, seria o caso de se falar da tragicidade schopenhaueriana — do mesmo modo que se fala de uma tragicidade shakespeareana.

Mas a partir daí, como a partir da crise na concepção do trágico na era pós-idealista, chega-se apenas a uma conclusão: não existe *o* trágico, pelo menos não como essência. O trágico é um *modus*, um modo determinado de aniquilamento iminente ou consumado, é justamente o modo dialético. É trágico apenas *o* declínio que ocorre a partir da unidade dos opostos, a partir da transformação de algo em seu oposto, a partir da autodivisão. Mas também só é trágico o declínio de algo que não pode declinar, algo cujo desaparecimento deixa uma ferida incurável. Pois a contradição trágica não pode ser suprimida em uma esfera de ordem superior — seja imanente ou transcendente. Se for esse o caso, ou o aniquilamento tem como objeto algo de insignificante, que como tal escapa à tragicidade e se manifesta no cômico, ou a tragicidade é superada no humor, suplantada na ironia, ultrapassada na crença. Mais do que qualquer outro, foi Kierkegaard quem refletiu sobre isso; a partir de suas obras, principalmente os *Estágios do caminho da vida* e o *Pós-escrito não-científico*, é possível obter uma teoria válida do trágico e de seus conceitos opostos.

Nas páginas seguintes não se pode tratar de tudo isso. O que se tenta é fortalecer, com o exemplo de oito tragédias, a tese da estrutura dialética do trágico, do trágico como uma modalidade dialética. No entanto, o fortalecimento de uma tese não é uma prova, mas um teste. O olhar dirigido para essas tragédias procura a sua construção dialética. O sinal de que essa visão é correta não está no fato de encontrar essa construção, mas no aprofundamento da compreensão das tragédias. Certamente as oito considerações não são interpretações, mas somente análises, e na verdade análises do trágico nessas peças, muitas vezes só da tragicidade de uma única figura. Essas análises também não questionam nada além da obra. Elas não pressupõem um conceito de trágico com conteúdo determinado, como por exemplo o conceito hegeliano do conflito de dois representantes do direito, tampouco perguntam por um "conteúdo" que não esteja explícito na obra: pela intenção do poeta ou pelo sentido do poema.

Assim, como o conceito de trágico se ergue desastrosamente da concretude dos problemas filosóficos até as alturas da abstração, é preciso que ele baixe até o nível mais concreto das tragédias, caso deva ser salvo. Esse nível mais concreto é a ação. Justamente na reflexão sobre o trágico a ação é menosprezada. E no entanto ela é o constituinte mais importante do drama, que aliás deve seu nome à palavra grega para ação. A validade da concepção dialética do trágico será reconhecida se for possível considerar até o mais tênue dos momentos da ação, em sua relação com a estrutura trágica, percebendo a obra como um todo sem lacunas.

As oito análises são apenas exemplos. Sua escolha seguiu diversos pontos de vista. Elas deviam ser representativas das quatro grandes épocas da poesia trágica: o tempo dos tragediógrafos gregos, o período barroco na Espanha, Inglaterra e Alemanha, o classicismo francês e a época de Goethe. Foram levadas em consideração possíveis correlações, por exemplo entre Calderón e Sófocles, assim como preconceitos, como em Shakespeare e Gryphius, ou então a acuidade trágica: daí a escolha da primeira obra de Kleist e da última de Schiller.

PARTE II

Análises do trágico

Aquiles:

Assim falou a águia, ao perceber as penas
na flecha que a perfurava:
Então somos abatidas
por nossas próprias asas

Ésquilo

SÓFOCLES
Édipo Rei

O trágico perpassa a tessitura de *Édipo Rei* como em nenhuma outra peça. Seja qual for a passagem do destino do herói em que se fixe a atenção, nela se encontra aquela unidade de salvação e aniquilamento que constitui um traço fundamental de todo trágico. Pois não é o aniquilamento que é trágico, mas o fato de a salvação tornar-se aniquilamento; não é no declínio do herói que se cumpre a tragicidade, mas no fato de o homem sucumbir no caminho que tomou justamente para fugir da ruína. Essa experiência fundamental do herói, que se confirma a cada um de seus passos, acaba por remeter a uma outra experiência: a de que é apenas no final do caminho para a ruína que estão a salvação e a redenção.

Entre as personagens do drama de Sófocles não figuram deuses, como ainda ocorria no caso de Ésquilo. No entanto eles têm participação no que acontece. A liberdade nem é inteiramente concedida ao herói, nem negada por completo. Édipo diz: "... tudo quero fazer. Mas é do deus/ Que nos vem a salvação ou a ruína."[1] Mas não é trágico que o homem seja levado pela divindade a experimentar o terrível, e sim que o terrível aconteça por meio do fazer humano. Tão importante para a tragédia quanto o poder tácito da divindade sobre o que acontece é a intervenção do deus no fazer humano, solicitada pelo próprio homem e expressa em palavras através do oráculo.

No decorrer da ação de *Édipo*, o oráculo fala três vezes: primeiro para Laio, depois para seu filho e finalmente para Creonte, que é incumbido por Édipo de consultá-lo. Por três vezes o oráculo faz do saber divino um saber humano, e com isso dirige por três vezes a ação dos homens, fazendo com que eles próprios levem a cabo o que lhes fora imposto. Nessas três passagens, a tragicidade se condensa na tessitura do enredo formando nós apertados, e só a partir desses três momentos a tragicidade pode ser solucionada. Mas tais passagens certamente não constituem os momentos principais na obra de Sófocles. Sua "análise trágica"[2] só começa no último oráculo. No entanto ela invoca ambos os oráculos anteriores ao cumprir o que eles anunciavam, e aquilo que o grito de Édipo exprime — "Ai de mim! Tudo vem à tona claramente!"[3] — sintetiza os três oráculos e constrói a partir deles seu destino.

1

O oráculo de Laio, origem de toda a ação que se desenrola na peça, é transmitido em versões diferentes.[4] Segundo Ésquilo, o rei foi informado de que os tebanos só iriam sobreviver se ele morresse sem filhos. Para gerar alguma descendência, ele devia renunciar a ter descendentes, pois aqui o herdeiro, que em outros casos salva a linhagem de extinção, causaria seu desaparecimento. Desde o início está presente a dialética trágica de salvação e aniquilamento. As versões de Sófocles e Eurípides têm em comum o fato de que fora vaticinado ao rei que seu filho iria assassiná-lo. Quem por ele foi gerado deve aniquilá-lo; aquele a quem ele dera a vida deve tomar a sua. Já antes de nascer Édipo encarna a unidade trágica de criação e aniquilamento, semelhante àquela outra unidade que perpassa a obra toda. Em Eurípides, o oráculo tem a forma da advertência. Tomado pela embriaguez e pela cobiça, Laio acaba gerando um filho e se tornando culpado-inocente. Para se salvar, decide matar o filho, repetindo assim a tragicidade do oráculo de modo inverso: toma a vida daquele a quem dera a vida. Em Sófocles, o oráculo não aparece como advertência, o que intensifica ainda mais sua tragicidade. Sem a proibição prévia de gerar um filho, Laio fica sabendo que um dia será morto por ele; ao contrário da advertência, esse conhecimento não admite qualquer possibilidade de salvação. Não existe saída possível para ele. Essa consciência sugere que o rei deverá assassinar seu filho e, ao mesmo tempo, anuncia que isso será em vão: trata-se de salvação e aniquilamento unidos. O fato de Laio acreditar ou não no oráculo (Jocasta mais tarde escolherá o ceticismo) não muda sua situação: tanto a crença quanto a dúvida teriam de impedi-lo de decidir pela morte de seu filho. No entanto, em vez de aceitar o dilema trágico de não poder fazer aquilo que tem de fazer (e o motivo para não fazer não é o mesmo que tem para fazê-lo), Laio age como se soubesse que seu filho poderia matá-lo, e não que ele vai matá-lo. Para escapar da tragicidade ele usa o recurso menos trágico possível: a inconseqüência.[5] Mas essa inconseqüência também não o leva à salvação, mas à perdição. Quando, anos mais tarde, Laio toma o caminho de Delfos, segundo Eurípides para saber do oráculo se seu filho estava realmente morto — a incerteza segue a inconseqüência —, na verdade ele vai ao encontro de seu filho e será morto por ele na encruzilhada.

2

Da segunda vez, o oráculo fala ao jovem Édipo, que tinha sido abandonado por seus pais nos desfiladeiros do monte Citeron, salvo por um pastor e criado por Pólibo, rei de Corinto, como filho. Quando, num banquete, um bêbado afirma que ele não é filho de Pólibo e que o rei esconde a verdade, Édipo parte para Delfos. No entanto, em vez de lhe dizer quem são seus pais, o oráculo revela algo horrível, algo que tornava necessário justamente saber quem eram seus pais: Édipo viria a ser o assassino de seu pai e o esposo de sua mãe. Assim, a consulta do oráculo se transforma de salvadora em aniquiladora: em vez de acabar com o desconhecimento acerca dos pais, faz disso a causa dos acontecimentos terríveis por vir. A situação em que o oráculo põe Édipo parece, em Sófocles, semelhante à de Laio. Aqui também não se trata de advertência em relação ao que poderia acontecer, mas de um conhecimento prévio do que vai acontecer. A tragicidade é intensificada, no caso de Édipo, não só porque o conteúdo do oráculo é mais abrangente e aparece como um mandamento do deus (de modo que Édipo tem de querer, por temor a deus, aquilo que não pode querer), mas também pelo fato de que não é mais possível uma atitude estóica. Enquanto Laio fugia de seu assassino, Édipo foge de se tornar ele mesmo um assassino. Ao contrário de seu pai, ele é obrigado a agir porque precisa evitar sua própria ação. Assim, decide não retornar a Corinto e tomar o caminho de Tebas. Mas a fuga de seus supostos pais o conduz ao encontro de seu verdadeiro pai. Pela primeira vez, nos acontecimentos de *Édipo*, ser e aparência estão separados,[6] o que oferece à dialética trágica um novo campo de atuação: o que era salvação no terreno da aparência mostra-se, na prática, aniquilamento. Assim, pai e filho deparam-se face a face na encruzilhada dos três caminhos, sem se conhecerem. O primeiro quer consultar o oráculo a respeito do filho, o segundo o consultou a respeito do pai, mas recebeu como resposta um presságio do qual agora foge, e vem a cumpri-lo justamente no ato da fuga.

3

Para libertar Tebas da peste, Creonte recebe de Édipo a incumbência de consultar o oráculo délfico — que fala, assim, pela terceira vez. Este responde exigindo que o assassinato de Laio seja vingado, o que, ao contrário dos outros dois oráculos, não expressa algo de horrível, mas promete a salvação por meio da expiação de um horror passado. Aos tebanos, que se voltam para Édipo porque ele os libertara uma vez da Esfinge e assim tinha se tornado seu rei, ele parece se revelar novamente o salvador; o temor de que os assassinos de Laio quisessem matá-lo também faz Édipo pensar que, ao capturá-los, iria salvar a si próprio. No entanto, logo que tem início a investigação e Tirésias aponta o rei como "mancha de nossa terra"[7], Édipo pressente que a salvação prometida esconde, para ele, a semente do aniquilamento. A esperança de encontrar o assassino de Laio tem como contraponto o medo de reconhecer a si mesmo como sendo esse assassino. No decorrer da investigação, tudo o que parece preservar o rei da salvação que vai aniquilá-lo acaba se transformando em algo de aniquilador. Assim, para constranger o vidente Tirésias, Jocasta conta a história do oráculo de Laio, afirmando que ele não foi assassinado pelo próprio filho, mas por ladrões na encruzilhada. Em vez de tranqüilizar Édipo, essa história desperta nele o primeiro pressentimento de sua culpa. O mesmo efeito tem a revelação do mensageiro de que Édipo não é filho de Políbo e não precisa temer Corinto, pois lá o oráculo não pode se confirmar — e nesse momento fica quase certo para Édipo que ele já se confirmou. A última esperança de Édipo reside no pastor, que foi o único a ver os assassinos e os descreveu como ladrões, mas é o próprio pastor quem traz à tona a terrível verdade. Na confissão do pastor, que tem de ser arrancada por Édipo, retorna a unidade trágica de salvação e aniquilamento: Laio tinha, para salvar sua vida, condenado à morte seu próprio filho; o pastor queria poupá-lo, mas "salvou-o para a mais grave ignomínia"[8]. O assassino que Édipo procura é ele mesmo. O salvador de Tebas revela-se, ao mesmo tempo, seu destruidor. Ele não é destruidor e *também* salvador, mas é destruidor justamente como salvador: pois a peste é a punição dos deuses pela recompensa que ele recebeu por seu feito salvador, ou seja, pela união incestuosa com a rainha Jocasta. A argúcia que ele demonstrou ao decifrar o enigma da esfinge, assim salvando Tebas, não lhe permitiu reconhecer o homem que ele mesmo é, e o conduziu para a catástrofe. A disputa entre Édipo e Tirésias, o cego que vê e o vidente que é cego, termina com Édipo cegando a si próprio: a visão dos olhos, que lhe ocultou o que precisaria ter visto e que o cego Tirésias viu, não deve mais lhe mostrar o que ele, tarde demais, seria sempre obrigado a ver a partir de então.

Assim, os dois primeiros oráculos mostram-se, retrospectivamente, como prefiguração do terceiro e decisivo, que Sófocles põe no centro de sua tragédia. Tanto Laio quanto o jovem Édipo tomam o caminho trágico entre Tebas e Delfos, entre a cegueira humana e a revelação divina. Édipo encaminha-se para Delfos a fim de não se tornar um assassino, Laio a fim de não ser assassinado, mas a estrada conduz um para a morte, o outro para o assassinato; no caso do rei Édipo, essa estrada se volta como que para dentro, como um caminho do conhecimento. A errância épica da pré-história é condensada, na tragédia, em uma missão de reconhecimento dramático. O infortúnio não espera o rei como faz um estranho na beira da estrada, mas encontra-se na meta de seu próprio conhecimento. Assim, nos três destinos que compõem ao mesmo tempo um só destino, os oráculos marcam uma gradação trágica, em que os elementos antagônicos ficam cada vez mais ligados, a duplicidade sendo reduzida à unidade de modo cada vez mais inexorável: Laio foge de seu assassino pelo caminho que o leva ao encontro dele — o jovem Édipo tenta escapar do ato mortal anunciado e comete esse ato em sua fuga — o rei Édipo busca os assassinos de Laio, temendo que eles se tornem seus assassinos, e encontra a si mesmo.

Calderón de la Barca
A vida é sonho

1

A vida do príncipe polonês Sigismund já está marcada pelo infortúnio antes mesmo do seu nascimento — assim como a vida do filho do rei tebano. É compreensível que a obra de Calderón tenha sido considerada uma versão cristã do Édipo. Mas a transformação pela qual o tema passa no Barroco católico é comprovada pelo enfraquecimento da profecia. O incesto é substituído pela morte da mãe. (Embora Sigismund seja o causador dessa morte, por seu nascimento, ela continua sendo um acontecimento natural, enquanto a união incestuosa de Édipo, mesmo que ele não tenha conhecimento dela, realiza-se como um ato seu.) E o assassinato do pai é substituído por uma insurreição militar que, assim como a morte da mãe, remete a um contexto mais geral e ultrapassa o destino individual: nesse caso, em vez da natureza, esse contexto é a história. No entanto, embora a constatação que dá título à obra acabe tirando o caráter trágico do acontecimento apresentado, seu fundamento é tão trágico quanto o de *Édipo Rei*. E a princípio as alterações exigidas pela fé cristã, em vez de amenizarem a tragicidade antiga, apenas suscitam novos momentos trágicos. O primeiro deles aparece precisamente na predição do infortúnio. A profecia, aqui, não segue mais a forma geral e institucional do oráculo, mas se dá por meio de duas fontes que se contradizem: o sonho e a ciência. Remete, assim, a uma divergência na natureza do homem, que põe em questão a sua totalidade. Por um lado, antes do parto a rainha vê em sonho um monstro de forma humana que causa sua morte; por outro, o saber astrológico do rei, ao qual ele deve sua grande reputação e como que um domínio sobre o tempo, anuncia-lhe o ultraje que sofrerá um dia por parte de seu filho. Como não tem mais a autoridade do oráculo, a predição se vincula em Calderón — da mesma maneira que no *Macbeth* de Shakespeare — a um ardil. Caso a primeira parte da profecia cumpra-se sozinha, o homem passará a acreditar na segunda parte e agirá de acordo com ela. Mas é isso que acaba por torná-lo tragicamente culpado. Macbeth interpreta sua nomeação como Lorde de Cawdrow, para a qual seus serviços ao rei na guerra constituíam motivo suficiente, como um sinal de que as bruxas tinham falado a verdade, e considera o assassinato do rei como a realização de uma tarefa que o destino lhe impõe. Do mesmo modo, para Basilius a morte da rainha no parto do filho é vista como uma prova de que a profecia estava certa, e ele passa a acreditar na segunda parte dela. Se a ironia do destino, em Shakespeare, está no fato de que Macbeth toma a recompensa por sua virtude como garantia para o futuro êxito de seu vício, em Calderón ela está no fato de que o rei confia em sua ciência porque o desconhecido parece ter falado a verdade. E ao fator trágico que essa ironia produz em sua vítima acrescenta-se um segundo, que não está mais na dependência do conhecimento em relação ao desconhecido, mas na própria ciência. A famosa capacidade do rei de ler o futuro nas estrelas transforma-se, depois de ter sido o fundamento de sua grandeza, em aniquilamento: "Para os infelizes/ até o mérito é faca,/ pois quem se prejudica com o saber,/ é homicida de si mesmo!".[1]

2

Os poderes que permitem a Laio e a Basilius ver o futuro não possibilitam que nenhum dos dois evite aquilo que foi visto. Se acreditam, precisam aceitar; se duvidam, nada têm a temer e, portanto, nada a fazer. Por outro lado, quando agem o fazem por inconseqüência. Certamente a crença na profecia se impõe menos para Basilius do que para Laio. Pois, enquanto o oráculo fala em nome de Apolo, a dupla predição do rei polonês não é fortalecida, mas posta em dúvida por sua fé cristã. Basilius precisa se perguntar se não peca contra seu Deus quando dá crédito ao sonho ou às estrelas, prezando em primeiro lugar a superstição e a ciência. Como a religião católica ensina a liberdade da vontade, a ação de Sigismund não pode estar previamente determinada. Mas, mesmo ao pensar na vontade livre de seu filho de agir conforme lhe pareça certo, Basilius não pode esquecer o infortúnio profetizado pelas estrelas, que seria causado pelas mãos de Sigismund. Por isso, assim como Laio, Basilius tenta evitar o que foi previsto: considera-o simplesmente como um perigo, e não como o acontecimento futuro que na verdade é. No entanto, a fé suscitada por sua certeza o torna mais atento à sua segurança pessoal do que Laio, que só em Eurípides começa a questionar os resultados de suas precauções, mas não seus fundamentos. Enquanto o rei tebano condena seu filho à morte supostamente certa ao mandá-lo para os desfiladeiros do monte Citeron, Basilius ordena que seu filho recém-nascido seja trancafiado em uma torre. Laio imagina que estaria protegido de seu futuro assassino caso o mandasse matar; Basilius acredita que pode manter seu filho vivo e impedir o ato que lhe fora vaticinado. Até isso, porém, revela-se um ardil, cuja vítima acaba sendo aquele para quem deveria ser a salvação. Chega a época em que Basilius, perturbado pela dúvida a respeito das precauções que tinha tomado, resolve testar o filho já crescido. Adormecido por uma bebida, o filho é levado ao palácio e lá acorda como soberano. Por meio desse teste, que também não deixa de comportar um elemento trágico, a obra de Calderón afasta-se completamente da Antigüidade e realiza uma idéia central do Barroco: o teatro do mundo. E o mundo existe como teatro sem figuras alegóricas (caso idêntico da versão da mesma peça para o *auto sacramental*), mas como parábola, portanto com indivíduos como personagens dramáticos.[2] Diante do príncipe, trajado com a indumentária real, surgem um a um representantes da corte e a da família real para que se prove se as estrelas estavam certas quando o destinaram a ser um tirano. Seu comportamento parece dar razão à profecia. Contudo, em cada detalhe de seu procedimento tirânico fica claro que ele fala e age assim não porque essa é a sua natureza, mas porque o confinamento na torre o fez assim. O monstro que comprova a verdade do sonho da rainha é criado não pelo destino, mas por aquele que tentou evitá-lo, pelo próprio rei. Sua tentativa de evitar o destino acaba provocando justamente aquilo que deveria evitar. Não só o banimento do príncipe como também o teste que pretende remediá-lo transformam a salvação em aniquilamento. Pois o teste a que Sigismund precisa se submeter inesperadamente acaba fazendo com que ele ponha todos à prova. Privado de qualquer tipo de possibilidade na prisão da torre, agora ele se esforça para realizar o impossível. Desse modo, mata um cortesão e ameaça Rosaura: "Pois sou muito inclinado/ a vencer o impossível. Hoje joguei/ da varanda um homem que dizia/ que fazer isso não se podia;/ e assim, para ver se consigo, é tão simples/ que jogarei sua honra pela janela."[3] Em vão Rosaura se revela a única que não considera o comportamento de Sigismund como sua atitude natural, mas como conseqüência da vida que seu pai lhe reservara: "... Mas o que há de fazer um homem/ que de humano só tem o nome,/ atrevido, desumano,/ cruel, arrogante, bárbaro e tirano,/ nascido entre as feras?"[4] Assim como a reação de Basilius, o bom senso de Rosaura também ameaça ter conseqüências funestas, em uma dialética trágica que retorna na *Família Schroffenstein*, de Kleist. Pois Sigismund a contesta: "Se sou o que teus lábios falam/ terás de nomear-me, por Deus, completamente." O malfeitor é ou se comporta como uma obra daquele que o considera um malfeitor ou o reconhece como tal. O teste culmina na segunda entrada em cena do rei, a quem Sigismund ataca com as palavras que, para Basilius, prometem cumprir a profecia (o cabelo branco de Basilius seria um tapete para os pés de Sigismund), mas ao mesmo tempo revelam que a culpa seria daquele que pretendesse impedi-la: "Desejo inútil/ que eu tenha respeito por cabelos brancos;/ já que poderia acontecer/ de eu vê-los aos meus pés um dia, / porque ainda não me vinguei/ do modo injusto como me criastes."[5] Certamente, o rei a princípio é poupado do conhecimento de que não só a defesa contra a profecia como também a verificação de sua necessidade voltam-se contra ele. Na ilusão de desfazer o que foi feito, ele ordena que o príncipe seja novamente posto para dormir e levado de volta para a solidão da torre.

3

A tragicidade do destino característica da Antigüidade tornase, no âmbito cristão, uma tragicidade da individualidade e da consciência. O herói grego cumpre à sua revelia o ato terrível ao tentar evitá-lo; o herói do drama católico torna-se, diante da salvação, vítima de sua tentativa de usar o saber e o pensamento para substituir a realidade ameaçadora por uma outra que ele mesmo cria. Os três atos da obra de Calderón marcam essa diferença (sendo que Édipo não corresponde mais a Sigismund, e sim a Basilius) com uma clareza cada vez maior. O primeiro ato introduz a tragicidade da profecia, que faz do rei "seu próprio assassino". Não tendo mais ligação com a forma antiga, o segundo ato configura a tragicidade do esforço para agir sobre a vida de um outro por meio de uma reação planejada e não por uma ajuda compassiva. A tentativa de tornar Sigismund inofensivo acaba por torná-lo perigoso, pois Basilius não percebe que a reação não é meramente uma ação negativa, que ela não só reprime, mas também tem um efeito. A intenção de Basilius não é pôr à prova a inclinação natural do filho, a fim de comprovar se seu destino é efetivamente tornar-se um tirano; na verdade, em vez de impedi-la, o próprio Basilius desperta a inclinação que havia sido profetizada. No terceiro ato, antes que a obra abandone o âmbito do trágico, como em toda a dramaturgia cristã, finalmente aparece a tragicidade do teste. Basilius, na arrogância de seu pensamento, entrega-se à ilusão de que pode fazer experimentos com a realidade e criar uma nova sem sofrer conseqüências. No entanto fracassa sua tentativa de transformar em sonho a vida que Sigismund viveu como rei, por algumas horas, no palácio. Mal fica conhecida no país sua intenção de nomear como herdeiros da coroa os filhos de sua irmã, em vez de seu filho, reúnem-se contra ele as forças de um levante. Os rebeldes não vêem os direitos do príncipe ao trono como o próprio príncipe os vê — como um sonho —, por isso ele é escolhido para liderar o levante. A profecia do sonho, a que Basilius atribuía a possibilidade de evitar a tirania de seu filho, acaba por torná-lo o soberano. Pois Sigismund só resolve liderar o levante porque enxergou, no sonho em que seu pai fez evaporar a realidade do teste, o sinal profético de que estava destinado a ser rei. A guerra contra Basilius termina com a vitória dos revoltosos, e só então, depois da tentativa de evitar a profecia (banindo Sigismund) e de remediar essa iniciativa (caso não tivesse fundamento), é que a profecia se cumpre para o rei: vencido, ele se ajoelha aos pés do filho. Com grande precisão, formula a dialética de seu destino trágico, que compartilha com Édipo: "Pouco conserto tem o irremediável,/ e muito risco o previsto tem;/ se há de ser, a defesa é impossível,/ pois quem a evita mais, mais a previne./ Lei cruel! Destino inflexível! Horror terrível!/ Quem pensa que foge do risco, ao risco vem,/ com o que eu guardava me perdi;/ eu mesmo minha pátria destruí."[6] E a morte exemplar de Clarin, o servo que sofre um ferimento fatal depois de se esconder covardemente e se acreditar em segurança, é a motivação para que o rei expresse novamente o que acaba de reconhecer: "Pois eu, por libertar de mortes/ e sedições minha pátria,/ vim entregá-la aos mesmos/ de quem pretendi libertá-la."[7] Mas no momento em que a obra de Calderón poderia terminar como uma tragédia, a ruína a que a salvação parecia conduzir converte-se, por sua vez, em seu oposto, tornando-se salvação. O caminho da perdição indicado pelo caminho da felicidade acaba sendo reconhecido como o caminho mesmo da felicidade, só que agora não mais graças a uma virada do destino, mas graças ao próprio bom-senso do homem. E, assim como em toda grande composição poética sem desenlace trágico, aqui também o caminho que permite sair da tragicidade é o caminho inverso ao que o conduziu a ela. No caso de Basilius, o teste que a princípio se converteu de empreendimento afortunado em motivo de perdição no final oscila de volta para a felicidade. Em sua primeira manifestação, o sonho mostrou Sigismund à rainha, antes de seu nascimento, como um monstro, fundamentando assim o desenlace trágico. Na segunda manifestação, o teste do rei, em vez de fazer Sigismund esquecer a soberania, acabou por torná-lo soberano. Pois no final o sonho se revela como o mentor de Sigismund e, com isso, como o salvador do rei. Sigismund não esquece o teste, como esqueceria um sonho, mas aprende que a vida inteira é um sonho e, a despeito da profecia das estrelas, decide se tornar, na vida que a partir de então seria para ele apenas como sonho, um homem diferente daquele que foi no sonho que ele tomou por vida.

SHAKESPEARE
Otelo

1

A fonte literária de Shakespeare é uma novela italiana, *O mouro de Veneza*. O título alude a um conflito que determina os acontecimentos trágicos. Otelo é mouro e veneziano. Como veneziano, deve chefiar a frota; como mouro, não tem permissão para pedir em casamento nenhuma veneziana. O guerreiro é considerado pelos habitantes da cidade como um igual, mas o amante é visto como um animal negro. Em contraponto movimentado, o primeiro ato mostra essa tensão de Otelo: ele é procurado por duas facções nas ruas de Veneza durante a noite. O pai a quem tinha roubado a filha o persegue para entregá-lo à justiça; o doge ordena que o procurem para lhe confiar o comando da frota. Mas o conflito não se resolve no palácio do doge, e sim mais tarde, no íntimo de Otelo, o que caracteriza especialmente o personagem. Os heróis de Corneille também têm a consciência dolorosa de que não podem ser os mesmos como amantes e como guerreiros. No entanto, para eles o conflito trágico — "o cruzamento de duas necessidades"[1] — é originalmente acidental e exterior. É certo que eles não podem nem seguir sua inclinação e sua obrigação simultaneamente, nem desprezar uma delas. Só que não são atingidos em seu íntimo: não são questionados, seja como amantes, seja como guerreiros. Otelo, por sua vez, logo consegue tanto a nomeação honrosa do doge quanto o consentimento para se casar. No entanto carrega em seu coração a dúvida a respeito de si mesmo. O homem se vê muitas vezes com os olhos dos outros, e embora Otelo saiba ser de linhagem nobre não poderá esquecer, em

Chipre, o reflexo que viu no espelho veneziano. Embora Desdêmona tenha lhe dado provas de seu amor, o fato de o pai dela não só desaprovar esse amor mas também não acreditar nele, acusando Otelo de ter usado algum encantamento, vai minar sua autoconfiança. Essa autoconfiança abalada é o solo em que Iago faz germinar o ciúme.

2

Em oposição às outras paixões, o ciúme comporta em si mesmo a tragicidade como possibilidade. Mesmo antes de colidir com outra força, aquele que é arrebatado pelo ciúme é rotulado como herói trágico. A essência do ciúme reside na dialética — que permite quase de imediato a mudança para o cômico. O ciúme é amor que destrói querendo proteger. Os beijos de despedida de Otelo são acompanhados pelas palavras: "Oh hálito amoroso,/ Que quase a convencer chegaste a própria/ Justiça e espedaça a sua espada!/ Mais um, mais um. Se assim ficares, morta,/ Quero tirar-te a vida e, após, amar-te."[2]

3

Otelo torna-se vítima da vingança de Iago, e Iago é um irônico. Seu método é o método socrático. Por isso a imagem do veneno que ele derrama gota a gota no ouvido de Otelo não corresponde à realidade. Assim como Sócrates faz transparecer o não-saber de seus discípulos, Iago traz à tona o ciúme de seu senhor. A alegria irônica de buscar e disseminar contradições, de transformar o bem em mal, já indica o seu plano: "Transformarei em pez sua virtude,/ e com a própria bondade apresto a rede/ que há de a todos pegar."[3] Refere-se assim a Desdêmona, que, ao ajudar o deposto Cássio, supostamente revelaria seu amor adúltero. Mas a cena em que Iago — para usar a metáfora socrática — induz o nascimento do ciúme de

Otelo certamente é a mais perfeita realização de uma ironia ativa, muito mais rara do que a ironia contemplativa. Em relação a Otelo, ele, um segundo Sócrates, comporta-se com "negatividade absoluta"[4]. O que Iago alcança é sempre por meio do oposto. Suas perguntas são respostas, suas respostas, perguntas. Seu sim oculta um não, seu não, um sim. A inquietação de Otelo é fruto da tentativa de Iago de tranqüilizá-lo, e a dúvida de Otelo é o efeito de sua tentativa de persuadi-lo. Iago se refere ao seu objetivo em relação a Otelo, sob o pretexto de lhe dar um aviso. Assim, Otelo chega por si mesmo até aquele objetivo, da mesma maneira que foi o primeiro a pronunciar o nome de Cássio. Com isso a ironia de Iago precipita a tragicidade de Otelo. Pois não só Otelo destrói ao querer preservar, como também se torna um destruidor, por ser vítima não de Iago, mas de si mesmo. A ironia divina em relação ao herói trágico, na forma como aparecia entre os antigos, foi substituída no Barroco pela ironia do vilão.

4

"Quero provas, quero ver com meus próprios olhos"[5], exclama Otelo quando o ciúme se apossa dele. Essa exigência penosa de uma prova faz parte da dialética da dúvida, que possui o seu lado trágico. Pois a dúvida a respeito da fidelidade da esposa, nascida do medo de sua infidelidade, não quer a prova da fidelidade, mas a da infidelidade. Apenas a prova que lhe dá razão, e não aquela que demonstra sua mentira, é capaz de acabar com a dúvida. Esse é seu único desejo. Assim, Otelo anseia ardentemente por aquilo que mais teme. No entanto Iago sabe que, para o ciumento, qualquer detalhe serve como prova. O que ele tem a oferecer é o lenço que Otelo outrora dera de presente a Desdêmona e que agora se encontra nas mãos de Cássio. Assim como a carta no *Don Carlos* de Schiller, o lenço ganha aqui um poder funesto sobre Otelo, um poder que é trágico porque o homem entrega-se a ele. A idéia de duvidar da prova não passa pela cabeça de Otelo. Não apenas porque seu anseio é simplesmente se livrar da dúvida que o atormenta como uma sede, mas também porque ele procura se proteger da pessoa em quem não confia. Como ela pode fingir, Otelo procura proteção em algo em que confia, algo que julga incapaz de enganá-lo. No entanto, justamente porque a coisa não mente por si mesma é que torna-se difícil descobrir suas mentiras. Para Otelo o fato de sua esposa ter se desfeito do lenço, que depois ele vê com Cássio, serve como prova da infidelidade, embora essa situação na verdade tenha sido causada por um gesto de amor de Desdêmona por seu marido — pois ela deixa cair o lenço da mão ao usá-lo para aliviar a dor de cabeça de Otelo. Como Otelo repele o lenço, Emília o apanha para si e o entrega a Iago, que o leva para o quarto de Cássio. Mas a dor de cabeça que Otelo afirma sentir é apenas o disfarce de sua paixão. Desse modo, o lenço se torna o fator emblemático do destino trágico de Desdêmona: sem saber, ela atiça com o lenço aquilo que tenta extinguir, o ciúme de Otelo.

5

Ao embarcar para Chipre, Desdêmona é acompanhada pela maldição de seu pai: "Cuidado, mouro!/ Se olhos tens abre-os bem em toda parte;/ Se o pai ela enganou, pode enganar-te."[6] O argumento encaixa-se no plano de Iago. Para fazer Otelo, que por natureza não é desconfiado, acreditar que Desdêmona quer enganá-lo, Iago o lembra de que o amor entre Desdêmona e ele foi viabilizado por um engano. Só então Otelo estará em condições de desprezar os protestos de Desdêmona e acreditar somente no lenço. Desse modo, aquilo que tinha unido Otelo e Desdêmona diante de toda Veneza os separa na alma de Otelo. Seu casamento se despedaça a partir daquilo em que estava fundado. Pois o que Desdêmona fez por amor a Otelo prova agora apenas que ela também é capaz de fazê-lo para enganar Otelo. A prova de seu amor converte-se mais uma vez em prova de sua infidelidade. Assim, o método dialético do irônico transforma a pessoa em seu oposto. A esposa apaixonada aparece como adúltera, o apaixonado torna-se o assassino de quem ama.

GRYPHIUS
Leo Armenius

A primeira obra dramática de Gryphius também é considerada a primeira tragédia da literatura alemã. Por muito tempo foi a única. Pois já em *Catarina da Geórgia* Gryphius passa da tragédia para o drama barroco, ao qual se mantém fiel a partir de então quando trata de assuntos sérios.[1] Assim como para Calderón, também para Gryphius a força de união total da promessa cristã de salvação elimina a ruptura trágica. Mas *Leo Armenius*, mesmo sendo determinado pelo estudo dos antigos e tendo uma concepção puramente trágica, não é uma obra que siga os parâmetros da Antigüidade. O que ela faz é incluir, no campo de ação trágico, a religião cristã. Em vez de fazer do crente um mártir cuja fé alivia a tragicidade de seu destino, a religião cristã torna-se seu fado trágico, uma vez que lhe fornece não a salvação prometida e ansiada, mas um declínio que a cruz de Cristo, na qual esse declínio se cumpre, não transfigura, e sim acentua em contraponto na sua tragicidade.[2]

1

O passado constitui um elo entre Leo Armenius, imperador de Constantinopla, e Michael Balbus, o mais importante de seus generais, que conspira contra ele. Anos antes, na batalha contra os búlgaros, quando Leo era o comandante, ele rompera com seu imperador e se fizera proclamar o novo soberano com auxílio de seu amigo. A inimizade que surgiu posteriormente entre os dois serve de base aos episódios ocorridos antes e no decorrer do Natal do ano 820; ela aparece à meia-luz, sem permitir que se faça a distinção entre o bem e o mal, e mostra dois destinos trágicos excludentes entre si, sendo que nenhum deles pode ser entendido como mera simulação. Se Leo Armenius é um tirano, cujo assassinato promoveria a salvação do país, a tragicidade de Michael Balbus consiste no fato de o homem que ele ajudou a se tornar imperador, a fim de salvar Bizâncio, ter se tornado a perdição de sua pátria. Se Leo não é um tirano, a tragicidade de Balbus consiste em ser ameaçado de morte por aquele que ele mesmo pôs no poder. E o princípio que orienta o desejo de derrubar o imperador do trono é, em ambos os casos, o mesmo que o fez subir ao trono: o princípio da rebelião e da autonomeação.

2

Assim que a conspiração é descoberta, Exabolius aconselha ao rei que mande matar Michael Balbus. No entanto Leo teme que o assassinato do mais poderoso dos seus generais, sem motivo que o justifique, leve a uma sublevação do povo e que a hostilidade se volte contra ele. Assim, na ilusão de escapar da morte, dá o primeiro passo para a perdição. A mesma coisa leva Michael Balbus a causar a sua própria condenação. Como ele encontra Exabolius, que considerava seu amigo, desgostoso, acredita que ele também é contra o imperador e lhe expõe sua intenção de matar Leo. A tragicidade do homem cuja fala pode se voltar contra si mesmo é formulada pelo coro dos cortesãos que fecha o primeiro ato, no avanço triádico da dialética. Os versos finais das partes apontadas como "proposição", "contraproposição" e "proposição adicional" são: "A vida do homem depende de sua língua"; "A morte de cada homem depende da língua dos outros"; "Homem, faça vida e morte dependerem de sua língua!"[3]

3

Leo dá o segundo passo em direção à morte quando adia a execução de Balbus, após sua condenação, a fim de não profanar com uma morte a festa do nascimento do Cristo. É pressionado a tomar essa medida pela imperatriz, que tem a ilusão de resguardar a si mesma e ao imperador de uma falta contra a religião, mas com isso acaba por ocasionar a morte dele. A fé cristã não aparece aqui como o poder mais elevado, aquele capaz de levar ao triunfo até mesmo o herói que se vê envolvido nos conflitos do mundo e se encontra em declínio. A glória do martírio não ilumina nem o imperador nem a imperatriz, embora ambos caiam vítimas de sua religião. A fé tampouco exerce seu domínio sobre o que acontece, achando-se tão emaranhada em questões mundanas que precisa renunciar a proteger da morte aquele que lhe permaneceu fiel. A noite do nascimento de Cristo, que Leo não queria manchar com um assassinato, oferece aos conspiradores a oportunidade para matá-lo. Assim, a profanação de que o imperador queria escapar acaba se realizando com ele mesmo. Disfarçado de padre, o cúmplice de Balbus entra sorrateiramente na igreja em que Leo assiste ao ofício divino e o mata com um punhal que estava escondido na vela — trata-se de um emblema da tragicidade o fato de que a escuridão da morte tenha sua origem na luz da fé.

4

O fato de Balbus fazer contato do cárcere com seus cúmplices e levá-los a cometer o assassinato ainda na noite de Natal é, de maneira trágica, mais uma vez obra do próprio imperador. Aterrorizado por um fantasma que lhe prevê, em sonho, que Michael iria matá-lo, Leo encaminha-se depressa para a prisão a fim de recuperar sua tranqüilidade com a visão do conspirador encarcerado. No entanto ele o vê em púrpura imperial, com os vigias rendidos a seus pés. Como passa a saber, a partir de então, que Michael tem aliados tanto no palácio quanto na cidade, fica fácil para o prisioneiro convencer os conspiradores do perigo que os ameaça. A fim de evitar esse perigo, eles decidem pelo assassinato do imperador, mas experimentam, por seu lado, a tragicidade da profecia. Dela trata o coro final do terceiro ato: "Aqueles a que o céu dá aviso por sinais/ Mal podem, ou não podem se furtar;/ E muitos que da morte procuram fugir/ Vemos ir em direção a ela."[4] À falta de distinção entre o bem e o mal nesse mundo corresponde a predição cínica do espectro ao conspirador, que lhe pede conselho acerca do assassinato do imperador: "Teu será o que Leo carrega."[5] Pois a interpretação do feiticeiro diz: "O que o espectro explica/ Parece ambíguo. Tua recompensa será/ O que Leo carrega. Sim! O que carrega ele? Coroa e morte!/ Temo que irão pressionar-te com a mesma necessidade."[6] A profecia se estende para além do desfecho da tragédia, para além do triunfo dos conspiradores, na medida em que promete a um deles, como recompensa por ter colaborado para derrubar Leo, o destino do próprio Leo.

5

Após o assassinato do imperador, a peça se torna a tragédia da imperatriz. Ela tem culpa na morte de seu esposo e na própria morte, que sabe ser iminente. "Já é alguma coisa: o homem mais cruel sobre a Terra/ É aquele que, pela compaixão, torna-se seu próprio carrasco"[7], diz ela com uma mudança de tom semelhante à do rei em *A vida é sonho*. Mas o destino trágico da imperatriz ainda não se realizou. O assassino de Leo, cuja vida ela salvou, nega-lhe, por uma gratidão que é crueldade, a morte que agora ela exige como forma de vida. Assim, ela deixa o palco não morta, mas com palavras de insanidade que parecem uma paródia daquilo que Gryphius lhe negou: a visão triunfante da mártir. Diante do cadáver, cercada de conspiradores, ela diz as seguintes palavras: "Oh, inesperado deleite! Oh saudação animadora!/ Bem-vindo, valoroso príncipe! Soberano de nossos sentidos!/ Companheiros! Nada mais de tristeza! Ele vive."[8]

Da mesma forma que *Leo Armenius* constitui, como tragédia, uma contradição ousada em relação aos dramas de martírio posteriores de Gryphius, também aprofunda o tema barroco da transitoriedade, fazendo dele seu fundamento trágico, uma vez que não concebe a ascensão e a queda simplesmente em sua rápida sucessão, mas em sua identidade dialética. Isso fica mais claro naqueles versos cuja composição metafórica é capaz de resumir a essência do trágico: "Subimos como fumaça que desaparece no ar,/ Subimos para a queda, e quem chega às alturas/ Encontra aquilo que pode derrubá-lo."[9]

RACINE
Fedra

1

Proibido, secreto, irrealizável é o amor de Fedra por Hipólito. O que sua paixão lhe ordena, a própria Fedra proíbe por fidelidade a Teseu. Em vez de uni-la a seu amado, o amor a divide por dentro. Se ela pudesse renegar seu amor ou sua fidelidade, o dilema estaria superado, o trágico estaria eliminado por meio do compromisso. Mas como não é capaz de abrir mão nem do amor, nem da fidelidade — na medida em que, nos dois casos, essa capacidade se encontra nela e no entanto não está em seu poder —, ela é uma heroína trágica. E no entanto essa tragicidade se mostra, em Racine, apenas como o lado exterior de um dilema mais profundo, que se dá não entre o amor e a obrigação, mas simplesmente no interior do próprio amor.[1] Pois Fedra ama Hipólito não só a despeito de ele ser o filho de seu marido; ama-o também porque ele é filho dele. O que se coloca como obstáculo a seu amor é também a motivação desse amor. Fedra ama, em Hipólito, o Teseu que um dia chegou a Creta e que nunca mais existiu desde que pediu sua mão em casamento: "Sim, Príncipe, suspiro, ardo por Teseu./ Amo-o não qual o viram os infernos,/ Adorador fugaz de mil objetos díspares,/ Pronto a desonrar o leito do Deus dos mortos;/ Mas fiel, orgulhoso e até algo feroz,/ Encantador, jovem, arrastando todos os corações atrás de si,/ Tal qual nossos Deuses são descritos, ou tal como o vejo."[2] A astúcia que, na declaração de amor por um outro, permite confirmar a aparência de fidelidade conjugal só é possível porque, no coração de Fedra, fidelidade e infidelidade se entrelaçam. O amor pelo Teseu do passado é dirigido para o filho dele — o incesto, até onde a palavra ainda faz sentido aqui, também é, no caso de Fedra, o sinal de uma ligação irresistível com uma imagem que a realidade não é mais capaz de satisfazer. Mas não é só que o amor pela imagem pura de Teseu desperte em Fedra o amor por Hipólito; ele ao mesmo tempo impossibilita esse amor de se realizar. Pois, se Hipólito correspondesse a Fedra, ele perderia justamente o que Fedra ama nele. Seu amor fracassa de maneira trágica, mas a princípio isso não se dá em função de seu oponente, o dever, mas em função de si mesmo, pelo fato de dizer respeito ao que é inocente-puro. Apenas no pecado Fedra poderia possuir esse amor, e apenas no pecado ela poderia destruí-lo. Além de não haver caminho para a realização de seu amor, também não há caminho pelo qual ela possa escapar desse amor. Todos os caminhos percorridos por ela a levam de volta a Hipólito e aprofundam seu amor, mas sem a aproximar de sua realização. As preces e sacrifícios que ela faz a Vênus, a fim de que a deusa a livre de seu amor, acabam por se converter, contra a sua vontade, em dádivas ao amado, no qual ela reconhece seu deus: "Em vão sobre os altares minha mão queimava o incenso:/ Quando minha boca invocava o nome da Deusa,/ Eu adorava Hipólito; e vendo-o incessantemente,/ Mesmo ao pé dos altares em que eu oferecia sacrifícios,/ Eu oferecia tudo a esse Deus que não ouso nomear."[3] Até a máscara de ódio só serve para aumentar a distância exterior, sem diminuir a proximidade íntima do amor, chegando mesmo a acentuá-la: "Quis te parecer odiosa, desumana;/ Para melhor te resistir, procurei teu ódio./ Que vantagens obtive dessas vãs tentativas?/ Tu me odiavas mais, eu não te amava menos./ Tuas desgraças te conferiam novos encantos."[4] E o laço secreto entre sua fidelidade e sua infidelidade transforma até mesmo a fuga para o marido em um caminho para o amado: irremediavelmente, a fisionomia de Teseu faz Fedra lembrar de Hipólito.[5] A única meta e o único sentido da vida de Fedra passaram a ser um amor cuja consumação é recusada não só pelo mundo exterior — pelo amado e por

Fedra —, mas pelo próprio amor. Portanto a única saída é simplesmente a morte, e Fedra está decidida a morrer quando a tragédia tem início.

2

Na medida em que Fedra mantém em segredo seu amor, a fuga do pecado tem de aparecer como pecado: contra Deus, contra Teseu, contra seus filhos.[6] Pressionada por sua ama Oenone, Fedra acaba abrindo mão de guardar seu segredo. Mas a confissão que faz, justamente para poder se despedir da vida, a impele de volta para a vida e a arrasta numa série de episódios que só lhe permitirão morrer depois que Hipólito tiver morrido por culpa dela. Pois, logo após confessar seu amor, ela recebe a notícia da morte de seu esposo. Em vez de deixá-la morrer, Oenone a convence de que a viúva de Teseu não deve deixar desamparados seus filhos, nem precisa morrer pelo amor que sente. A unidade trágica de fidelidade e infidelidade, que até então ocultava sua paixão, agora se opõe à política pragmática de Oenone: a fim de assegurar o trono de Atenas para seus filhos, e não para Arícia, Fedra é obrigada a fazer uma aliança com Hipólito. Assim, depois de meses de exílio, ele aparece novamente, sem saber de nada, diante de Fedra. E todas as palavras dela se dirigem não aos filhos, mas apenas ao seu amado: a princípio disfarçadas como declaração de seu amor por Teseu, cuja imagem ideal se encontra diante dela; depois — quando o medo de ser compreendida dá lugar ao terror de não o ser — em confissão aberta. No entanto, como Fedra abomina sua paixão, a confissão do amor acaba culminando no desejo de que o amado a mate. Quando Hipólito se recusa a isso, ela é tomada de desespero e desembainha a espada de seu amado, para ao menos morrer por sua arma, mas Oenone a contém. O que acentua ainda mais a tragicidade dessa cena é a notícia de que a suposta necessidade desse encontro não passava de um engano: Atenas escolhera o filho de Fedra como sucessor do trono. É em vão que Oenone adverte a rainha acerca de suas obrigações, já que mais do que nunca Hipólito é seu único pensamento. Pois sua confissão não só fortaleceu sua convicção de que seu amor é irrealizável, como também o abalou. Uma vez que Hipólito sabe de seu amor, a esperança de sua realização entrou furtivamente no coração de Fedra.[7] Ela justifica o silêncio de Hipólito alegando que um homem que cresceu nas florestas despreza as mulheres; para conquistá-lo, está pronta a lhe oferecer o trono de Atenas. Em sua cegueira, suplica por ajuda à deusa da qual ela mesma é vítima: que Vênus, por vingança, seja capaz de converter Hipólito ao amor. Mas, por ironia trágica, seu pedido é realizado antes mesmo de ser formulado. Pois Hipólito ama Arícia, e o supostamente ambicioso príncipe renunciou ao trono de Atenas em favor de sua amada. No único ponto de seu destino trágico em que Fedra se mantém aberta para a esperança, ela é surpreendida, antes mesmo de saber do amor de Hipólito, pelo contragolpe que lhe rouba toda esperança. Oenone, enviada para conquistar Hipólito, retorna com a notícia da chegada de Teseu. Sem saber, Fedra — como a esposa em *O doente imaginário* — foi posta à prova pelo destino. Mas a cruel brincadeira de Argan aparece aqui convertida em algo trágico, porque a viúva de Teseu chama Hipólito para si não para admitir o seu amor, mas para assegurar o trono ao filho dela e de Teseu. Portanto, mais uma vez, é sua fidelidade que a põe no caminho da infidelidade. E, de novo, ela é a esposa de Teseu que quer morrer por causa de seu amor por Hipólito, mas agora, como revelou seu segredo, só pode morrer ultrajada. E novamente Oenone convence a rainha de que, por seus filhos, ela não tem o direito de morrer, pois o pecado da mãe lançaria uma sombra sobre a vida deles. Assim, mais uma vez, o significado que a morte tem para Fedra e o motivo que a impede de morrer coincidem tragicamente na desgraça. Ela se vê paralisada diante da intriga de Oenone, que, assim como Iago, escolhe como prova da culpa de Hipólito justamente o objeto que é a prova de sua inocência: a espada que ele deixa nas mãos de Fedra, porque ele — como Fedra sente — não quis se macular com a arma tocada por ela.

Mal Oenone realiza seu plano, Fedra corre atrás dela para salvar Hipólito. Mas essa tentativa precipita de modo trágico a confissão que ele faz, pois vê nela sua salvação: a confissão de seu amor proibido por Arícia. Engolfado na dúvida, sucumbindo à sua dialética, o momento de salvação fracassa, como que duplicado em si mesmo. Assim como Otelo, Teseu também procura no fundo a prova não da inocência, mas da culpa. E, assim como Otelo, ele confia mais na coisa do que na pessoa: a prova apresentada pela pessoa tragicamente a condena, pois ela é tão verossímil que parece enganosa. Por isso Teseu se recusa a acreditar na confissão de seu filho e pede à sua divindade protetora para vingá-lo. Fedra, por sua vez, está convencida da verdade do que lhe é relatado como sendo a mentira de Hipólito, e está convencida precisamente pelo mesmo motivo que faz Teseu não acreditar nisso. Pois também para ela o que é temido, na dialética da dúvida, aparece com maior evidência do que o que é ansiado. Como não tem força para duvidar do que teme, apesar da certeza de Teseu,[8] ela dá mostras, pela primeira vez, de toda a dimensão do seu sofrimento. No amor de Hipólito e Arícia Fedra vê confirmar-se tudo o que lhe é recusado. Pois não só o amor de Arícia é correspondido, como é correspondido sem culpa.[9] Assim, em seu tormento, Fedra omite a palavra que iria salvar Hipólito, e a confissão feita por ele, que deveria tê-lo absolvido, volta-se uma segunda vez contra ele mesmo. Só então Fedra conquista a liberdade em relação à sua ama e se mata, a fim de restituir ao mundo a pureza que ela amava e por isso teve de destruir. Sua última palavra é "*pureté*".

SCHILLER
Demétrio

Ao contrário de Warbeck* (personagem que se fazia passar pelo duque de York), seu precursor nos últimos projetos dramáticos de Schiller, originalmente Demétrio não é um impostor. Quando Schiller decidiu seguir as indicações do historiador Levesque e fazer com que Demétrio acreditasse em seu direito ao trono russo, alcançou algo que não tinha conseguido no caso de Warbeck: a unidade do ser subjetivo e da aparência objetiva que torna possível o tratamento trágico do antagonismo ser-aparência. Com isso, Schiller aprofunda o caminho da vida de Demétrio como um caminho da consciência. O primeiro dos caminhos, o da jornada da vida de Demétrio, tem como ponto de partida Sambor, onde ele vive como refugiado russo na casa de Woiwoden, e o conduz a princípio ao parlamento de Krakauer, depois a Moscou, como líder de uma unidade do exército polonês. Ao longo do segundo caminho, o da consciência, Demétrio é elevado do estado de "ignorância inofensivamente feliz"[1] para as alturas imaginárias de uma consciência falsa, que toma a aparência por ser, para depois desabar no abismo da consciência verdadeira. De fato, essa consciência verdadeira destrói a falsa, e no entanto não consegue mais abrir mão da aparência que foi tomada por essência; portanto, acaba se devotando à falsidade. As duas reviravoltas ocorridas na consciência de Demétrio — quando é reconhecido como o filho do czar e quando se dá conta de que não é esse filho — constituem os focos centrais de seu destino trágico.

---

* Warbeck: personagem da peça homônima de Schiller, inacabada como *Demétrio*. (N.T.)

1

Já na história que serviu de modelo para a primeira peripécia — copiada de um romance de la Rochelle —, a salvação e a destruição encontram-se tragicamente ligadas. Demétrio corre o risco de ser condenado à morte porque quis se proteger da vingança ciumenta de Palatinus, noivo de Marina. O que salva sua vida diante dessa ameaça é o seu reconhecimento como filho do czar, que no entanto o leva para um caminho capaz de destruí-lo, dessa vez interiormente, e com ele muitos outros, como Bóris Godunov. Mas a dialética trágica que diz respeito ao próprio universo de pensamento de Schiller só se torna visível na motivação dessa atitude. Na origem de tal dialética estaria o que se pode considerar o amor de Demétrio pela filha de Woiwoden, Marina, se os apontamentos de Schiller não afirmassem que os pensamentos de Demétrio dirigem-se a ela "mais porque sua natureza aspira obscuramente ao que lhe é semelhante do que por amor"[2]. Marina personifica para Demétrio o poder trágico: "A noiva polonesa que a princípio fundamenta a felicidade de Demétrio também traz consigo a infelicidade."[3] O que atrai Demétrio para aquela que, sem ele saber, fará dele um impostor é apenas a voz enganadora de sua própria natureza. Essa voz finge ser de descendência nobre e com isso, em vez de confrontar o mundo das aparências exteriores com a verdade, dá um passo em direção à própria mentira. Assim, desde o começo, Demétrio não é simplesmente uma vítima das circunstâncias, mas também de si mesmo. Acrescenta-se a isso o fato de que ele não se considera o filho do czar somente com base em sinais exteriores. Quando toma conhecimento, na prisão, de que seria filho de Ivan, é "como se uma venda caísse de seus olhos. Tudo o que é obscuro em sua vida ganha para ele, de uma só vez, luz e significado."[4] Tragicamente originada na luz, a cegueira de Demétrio é suscitada por sua ambição, seu "monstruoso esforço em direção ao possível", que "é justificado por uma certa voz dos deuses"[5]. A expressão retorna no verso de Marina "Possa ele seguir/ A voz dos deuses que o dirige"[6], e lembra a última carta de Schiller a Körner (de 25 de abril de 1805), em que *Demétrio* é denominado uma "contrapartida da *Virgem de Orleans*". Isso porque a voz dos deuses, que nas duas obras arranca uma pessoa da inocência da natureza e a lança no desatino da história e no declínio, faz de Joana D'Arc uma mártir, mas de Demétrio um impostor e um déspota. As pessoas em torno de Demétrio acreditam nele porque "a natureza parece tê-lo destinado para algo de mais elevado ... Seu espírito elevado está em contraste com sua situação" [,] ... força corporal, beleza, esperteza, espírito, visão e magnanimidade encontram-se nele muito acima de sua situação e de seu destino."[7] Assim, são suas próprias virtudes que o precipitam na mentira e na perdição. Todavia, mais ainda que sua aparência, mais que a capacidade persuasiva de Marina, o que tranqüiliza poloneses e russos é a consciência que Demétrio tem de si mesmo. "Ele acredita em si mesmo e por isso convence também Woiwoden"; "Demétrio julga-se o czar e com isso torna-se o czar".[8] Assim, a falsa consciência de Demétrio, para a qual ele foi conduzido pela voz interior, estende-se para a realidade histórica, fazendo dela um mundo enganador. Todos os fatores trágicos que determinam essa primeira peripécia têm em comum o fato de que o infortúnio se origina do mundo interno do ideal, da voz do coração e dos deuses que para Schiller, em outros casos, vale como a única fonte de salvação. A mensagem do poema "As palavras do delírio" parece ser revogada aqui. Pois a tragédia de Demétrio não depende apenas do fato de ele ouvir as palavras do delírio. Não é a realidade exterior que aniquila aquele que buscou delirantemente os valores mais elevados "no exterior" — são esses mesmos valores que se tornam um poder de aniquilamento. Revelando-se ilegítimo, o direito que Demétrio encontra em si mesmo, segundo o postulado do poema, arruína tanto o próprio Demétrio quanto o mundo exterior, que nesse caso não tem um sentido hostil e assim acaba por fortalecê-lo em sua suposta missão. A experiência trágica de Demétrio não é a de que a terra não pertence aos bons, uma vez que justamente a sua nobreza interior lhe confere a soberania sobre a terra russa. Tampouco a inverdade — como ensina o poema — é um produto da compreensão terrena: afinal a calculista Marina e o esperto estadista Sapieha são os únicos que não sucumbem à ilusão. O engano é muito mais uma obra da crença inspirada a Demétrio pela voz de sua própria natureza e dos deuses. Desse modo, a primeira peripécia escarnece, em todos os sentidos, daquele tipo de idealismo que o poema "As palavras do delírio" ensina. No entanto, a crença nos valores "internos" não é colocada em questão porque se submete à realidade, à sua casualidade, mas porque cria uma realidade da qual acaba por se tornar vítima. Além disso, o fato de *Demétrio* configurar a tragicidade do idealismo não acarreta que Schiller tenha se afastado de sua crença. Mas é como se, para o idealista Schiller, a possível tragicidade de sua posição se tivesse tornado consciente, como se o dramaturgo Schiller tivesse pretendido enraizar o trágico no seu próprio universo de pensamento.

2

"Subimos para a queda" — o verso de Gryphius[9] poderia figurar como lema no caminho que Demétrio segue de Sambor para Tula, da primeira para a segunda reviravolta de sua consciência. "A felicidade arrebatadora de Demétrio, diante da qual ele mesmo tem vertigens. Todos os corações estão a seu lado . ... ele é um deus da misericórdia para todos, todos esperam e todos aclamam o sol do reino, em sua nova alvorada"[10]. No entanto essa alvorada tem o objetivo oculto de derrubar das alturas a reivindicação supostamente legítima, lançando-a no abismo do engano. Não é por acaso que aparece diante de Demétrio justamente quem instigou essa reivindicação, o "*fabricator doli*"[11], quando Demétrio se encontra "no auge da felicidade e do favorecimento"[12]. Mas a intenção do *fabricator doli* é exigir do futuro czar – que ele, o assassino do verdadeiro Demétrio, ajudou a subir ao trono – a recompensa por seu "régio presente"[13]. Cada passo que Demétrio dá rumo ao trono do czar também o aproxima do conhecimento de si mesmo e, com isso, de seu declínio. A tragicidade dessa unidade entre ascensão e queda é acentuada pela ajuda que Demétrio recebe de três lados: de Marina, da nobreza da Polônia e da viúva do czar, Marfa. Tendo origem no mundo histórico das metas e dos interesses – em que Demétrio, à custa do mundo do amor, entrou na primeira reviravolta de seu percurso, essa ajuda se transforma em tripla perdição. A "força" do caráter de Marina, "que no primeiro ato elevou, sustentou e impulsionou Demétrio, volta-se no último ato contra ele, que apenas se entregou a uma tirana".[14] As mesmas conseqüências advêm da ajuda do exército polonês, cujas manobras na Rússia levam à conspiração que custará a vida de Demétrio. Na fronteira da Rússia, ele parece pressentir o perigo: "Perdoa-me precioso solo, terra natal,/ Tu, sagrado marco de fronteira a que me agarro,/ Sobre o qual meu pai entalhou sua águia,/ Que eu, teu filho, com armas inimigas/ Tombe sereno em teu templo da paz."[15] Só com o apoio polonês Demétrio pode se tornar czar dos russos, mas é justamente isso que o afasta de seu povo. Já na ilusão, na crença de que é o legítimo pretendente ao trono, está a semente do trágico, que iria destruí-lo mesmo que ele fosse o verdadeiro Demétrio. Até a ajuda de Marfa não é por amor, mas por desejo de vingança. Antes mesmo de ver Demétrio pela primeira vez, ela diz as seguintes palavras: "Se ele não for o filho do meu coração, em todo caso deve ser o filho da minha vingança. Aceito-o como aquele que o céu engendrou como meu vingador."[16] Em Tula, ela se mostra ao povo ao lado de Demétrio; seu silêncio, que irá desmascará-lo em Moscou, ironicamente o aponta como o filho do czar. No entanto, assim que seu desejo de vingança é satisfeito pela morte de Bóris, Marfa se afasta do produto de sua vingança e o entrega aos conspiradores. Bóris Godunov não é apenas o adversário político de Demétrio, mas ao mesmo tempo sua contra-imagem na antropologia de Schiller. Num nítido contraste, por exemplo, com a tragédia das duas rainhas,* que mostra um equilíbrio semelhante, a oposição dos personagens em *Demétrio* está submetida ao princípio da mudança. É verdade que Maria e Elizabeth também não se opõem como luz e sombra. Porém, em Demétrio, em lugar dos dois diferentes tons de *chiaroscuro*, há uma luz que escurece a partir de si mesma e uma sombra que, embora seja capaz de se impor como luz, não consegue iluminar as trevas das quais provém e acaba se tornando sua vítima. Bóris não personifica, em relação ao pretendente que sem saber é um impostor, nem o legítimo czar, nem o usurpador criminoso. Assim como Demétrio, ele segue com firmeza um caminho próprio, mas na direção oposta. Embora tenha se tornado czar à custa de um crime, ele opõe seus méritos à pretensão infundada de Demétrio. "Na medida em que se fez soberano *per nefas***, ele assumiu todas as obrigações do soberano e as *cumpriu*; em relação ao país, ele é um príncipe estimado e um verdadeiro pai do povo."[17] Ele é aquilo que Demétrio pretende ser; quanto ao que Demétrio deve se tornar, depois da segunda peripécia, Bóris já o foi e já não é mais. Enquanto o idealista Demétrio é convertido em impostor e déspota por sua própria crença, Bóris consegue se sublimar como czar, tornando-se a personificação pura da imagem paterna. Sua tragicidade não está em ser levado pelo bem para o caminho do mal, mas em, mesmo no fim do percurso que o conduziu para o bem, precisar pagar pelo mal de onde partiu. Eis o destino trágico do realista.

* *Maria Stuart*, do próprio Schiller. (N.T.)

** *Per faz et nefas*: "pelo justo e pelo injusto, por todos os meios possíveis". (N.T.)

3

Um esboço deixado por Schiller nos esclarece sobre a cena da segunda peripécia da consciência de Demétrio. Essas referências em prosa são um consolo, ainda que por um breve instante, para o fato de Schiller não ter terminado a tragédia:

> Quando Demétrio descobriu sua verdadeira origem e se convenceu de que não era o verdadeiro Demétrio (isso ocorre imediatamente antes de uma cena em que sua fé em si mesmo é mais necessária do que nunca), primeiro ele se cala, então faz algumas perguntas curtas sobre o assunto, grave e frio, depois parece se decidir rapidamente e, em parte tomado por um acesso de cólera, em parte de modo intencional e refletido, derruba com um golpe o mensageiro, justamente quando este menciona a recompensa esperada: a morte é essa recompensa. "Você trespassou o coração da minha vida, você destruiu a fé em mim mesmo – Fora, coragem e esperança. Fora, alegre autoconfiança! Alegria! Firmeza e fé! – Sou prisioneiro de uma mentira, estou em ruínas! Sou um inimigo dos homens, eu e a verdade estamos separados para sempre! – O quê? Devo despertar o povo de seu erro? Essas grandes nações acreditam em mim. Devo precipitá-las na infelicidade, na anarquia? Tirar delas aquilo em que acreditam? Devo me desmascarar como um impostor? — preciso seguir adiante. Preciso permanecer firme, e no entanto não posso mais fazer isso por meio de uma convicção íntima. Assassinato e sangue têm que assegurar minha posição. Como me apresentar à czarina? Como entrar em Moscou sob as aclamações do povo com essa mentira no coração?"

Ao entrarem em cena, vêem o czar com o punhal e um morto estirado no chão, e recuam cheios de pavor. Essa visão imediatamente antes da subida de Demétrio ao trono tem um significado sinistro. Ele percebe tudo o que estão pensando, e para tudo dá uma resposta. Seu espírito já não é mais o mesmo: um espírito tirânico apossou-se dele. Mas agora tem uma aparência mais terrível, parece mais que um soberano. Sua má-consciência logo se mostra, exigindo mais e agindo mais despoticamente. A negra suspeita recai sobre ele, que passa a desconfiar dos outros porque não acredita mais em si mesmo.[18]

Às palavras do *fabricator doli* segue-se primeiro o silêncio, sinal do abismo que se abre entre aquilo que Demétrio foi e aquilo que será. A partir desse vazio, ele se recupera, embora transformado, e mata pela primeira vez deliberadamente. Em vez de recompensar o mensageiro, castiga-o com a morte, mas não o castiga por tê-lo enganado, e sim pelo fato de ter feito com que enganasse a si próprio, por ter revelado o engano que ele, Demétrio, tinha cometido em relação a si próprio. O "coração de sua vida", que o *fabricator doli* trespassa, é a fé em si mesmo. Essa fé não é simplesmente a convicção de que ele é o filho de Ivan, mas algo que o induziu pela primeira vez a ela: a fé na voz interior, a "certeza em relação a si mesmo", a confiança no mundo do ideal. O lamento e o ódio de Demétrio voltam-se, por isso, não tanto contra o mundo exterior, mas contra seu mundo interior: a partir de então, ele rompe não com o mundo que o cerca, mas consigo mesmo. Depois volta-se para o presente. Prestes a desbaratar a teia de mentiras e revelar sua verdadeira origem, torna-se clara para ele a necessidade de perpetuar o engano, a fim de não lançar no infortúnio os povos que acreditam nele. Assim como, para Demétrio, o que era bom no passado se converteu tragicamente em algo perverso, agora uma outra tragicidade o espera, já que o bem aparece ao mesmo tempo como perverso, e o que é perverso ao mesmo tempo aparece como sendo bom. Demétrio — cuja voz do coração fez dele um impostor, à sua revelia — deve agora enganar intencionalmente: ele precisa fazer o que não tem direito de fazer. Na "encruzilhada das duas necessidades"[19], os dois caminhos entre os quais pensa poder escolher estão na verdade obstruídos. Porém, cego pela ambição inspirada pela voz dos deuses, decide seguir o caminho do engano. No entanto, mal chegou a essa decisão, o que possibilitou sua ascensão converte-se em terrível ironia e se volta contra ele. Se os homens acreditavam em Demétrio porque ele acreditava em si mesmo, agora que ele não pode mais acreditar em si mesmo, a dúvida a respeito dos outros insinua-se em seu coração. Então ele se torna "um terrível déspota", imperando sobre aquele povo que quis salvar, e isso ocorre de modo trágico, precisamente por meio da "mentira no coração" que ele estava pronto a pagar como preço pela salvação. Demétrio, como tirano, "perde o amor e a felicidade",[20] e com isso pela primeira vez sua vida está condenada.

Mas os esboços de Schiller vão além da morte de Demétrio, em dois apontamentos que seriam mantidos intocados na peça acabada. Depois do assassinato de Demétrio, resta um cossaco, "que conseguiu obter o sinete do czar para si ou que o obteve por acaso", e que "viu nesse achado um meio de se fazer passar pela pessoa de Demétrio". Seu monólogo encerra a tragédia, deixando que "se entreveja uma nova série de tormentas, e o velho como que começa de novo"[21]. Esses eventos reais dentro da peça histórica são confrontados pela visão de Romanov, a quem a historiografia dará razão. Na prisão, Romanov fica sabendo de sua convocação para o trono, com a ordem de deixar "o destino amadurecer quieto"[22]. Com os novos antagonistas, Romanov e o segundo Demétrio, o velho de fato começa de novo, mas começa de modo essencialmente diferente. Pois não é só naquele impostor que Demétrio sobrevive, mas também em Romanov, que personifica aquele "jovem admirável e magnífico" que Demétrio era ao surgir em Sambor.[23] Sejam quais forem as tormentas por vir, o horizonte não é mais trágico. Em Romanov e no cossaco, a verdade e o engano, a nobreza e a baixeza aparecem separadas para sempre: não são mais início e fim de um mesmo caminho, que o destino trágico de Demétrio teve de seguir.

KLEIST
A família Schroffenstein

Embora tenha fracassado como poesia, o primeiro drama de Kleist talvez seja a mais ousada de suas concepções trágicas. Os apontamentos para *Robert Guiscard* (cuja conclusão seria seguida, segundo planejado, pelo suicídio do autor) foram destruídos, e as obras que estabeleceram a reputação de Kleist como escritor se devem à renúncia: seja no caso da orientação para a comédia (em cujos bastidores a tragédia certamente se insinua), seja no caso de sua fusão com o trágico, como mostra o *Príncipe de Homburgo*. Foi unicamente em *Pentesiléia* que Kleist se manteve fiel à inexorabilidade de seu modo de pensar anterior.

1

Modelada em *Romeu e Julieta*, *A família Schroffenstein* tem em comum com a peça de Shakespeare um de seus temas fundamentais: o amor entre filhos de pais inimigos. O que define ambas as obras é a unidade trágica entre inimizade e amor, o fato de os amantes, como filhos de seus pais, precisarem se odiar. Mas já nesse ponto de partida Kleist vai além de Shakespeare em termos de intensidade trágica, ao substituir as duas famílias rivais por dois ramos de uma única família, as casas Rossitz e Warwand.* Assim, a discórdia tem sua origem

---

* Os personagens aqui mencionados por Szondi são: da casa Rossitz, Rupert (conde de Schroffenstein), Ottokar (seu enteado) e Johann (seu filho natural); da casa Warwand, Silvester (conde reinante),

na concórdia. Nesse caso, não é a desavença que a princípio liga os inimigos, como acontece com os Montéquio e Capuleto de Shakespeare; a desavença liga e separa o que antes estava unido no amor. Nos dois ramos inimigos, o tronco da família se faz em pedaços e fica ameaçado de destruição. Com isso também se altera a relação entre o ódio e o amor. Esses sentimentos não se encontram mais superpostos ao acaso, nem separados segundo o modo como os amantes se encaram, em sua ligação com os pais ou na ligação entre si. Aqui o amor dos filhos surge onde o amor entre os pais um dia imperou. Não é o acaso que lança o amor na região da discórdia, mas a incumbência de restabelecer a concórdia. Como diz a mãe da família Rossitz para o pai: "Oh, ponha um fim/ A essa maldita rivalidade/ Que ameaça eliminar por completo/ a família Schroffenstein, até mesmo seu nome./ Deus lhe está mostrando o caminho para a reconciliação./ Os meninos se amam...".[1] Assim, a tragicidade da privação que é o destino do amor não tem sua medida simplesmente de acordo com o interior, mas segue também a incumbência exterior. Pois o amor não é só impedido de se afirmar em meio à inimizade: ao procurar salvar quem está em perigo, ele próprio leva à catástrofe.

2

Em Kleist, a repressão do amor e sua destinação utópica apresentam traços baseados na filosofia da história. As palavras de Rupert indicam algo que está além do destino da família Schroffenstein, na medida em que permitem que se faça a leitura da situação do mundo a partir desse destino, considerado como modelo: "Nada mais de natureza./ Uma fábula

---

Gertrude (sua esposa) e Agnes (filha do casal); e ainda Úrsula, a viúva de um coveiro. (N.T.)

cativante e amável é contada/ Às crianças, à humanidade, por poetas e amas. Confiança, inocência, fidelidade, amor,/ Religião e o temor a Deus são como/ Os animais que falam. – Mesmo o laço,/ O laço sagrado do parentesco de sangue, se rompe,/ E primos, filhos de um mesmo pai,/ Avançam com punhais contra seus corações."[2] O amor desapareceu de um mundo que se distancia da natureza. No lugar da ligação natural esse mundo impôs o pacto que, assim como a maçã da árvore do conhecimento, torna-se a origem de uma queda no pecado. É estabelecido um contrato testamentário entre as duas casas nobres "em virtude do qual, após o total desaparecimento/ De um dos ramos familiares, toda as propriedades/ Desse ramo caberão ao outro".[3] É esse pacto, e não o amor, que agora liga Rossitz e Warwand, e o elo chama-se inimizade. O que deveria ser realizado e renovado pelo coração foi estabelecido para sempre pelo pacto. Esse afastamento da natureza em favor da letra é, aos olhos de Kleist, o pecado a ser punido com o declínio. E o contrato testamentário herdado configura propriamente o momento trágico. Pois ele foi estabelecido não a partir da discórdia, mas a partir da concórdia. Seu objetivo é a salvaguarda das propriedades familiares. Mas, por meio de sua forma como contrato, ele faz malograr o que ambiciona realizar em seu conteúdo. No lugar de evitar a extinção de um dos ramos e preservar a propriedade dos Schroffenstein, o contrato acaba provocando a extinção de ambos os ramos da família.

3

A arma que o contrato testamentário põe nas mãos dos homens é a desconfiança. Cada ação se desfigura em seu campo de influência e aparece como crime, cometido pelo desejo de realizar o que o contrato testamentário sugere como uma possível calamidade. Assim como a ironia de Iago, a desconfiança ocasiona a conversão do bom em mau: "A desconfiança é o vício negro da alma, / E tudo, mesmo a pura inocência, veste, / Aos olhos viciados, o traje do inferno."[4] Em sua relação consigo mesma, a desconfiança também possui uma essência dialética. Pois aquilo que ela teme e faz malograr é o que ela própria provoca. "Previamente eles me estigmatizaram/ Maldosamente como assassino./ Muito bem: então devem ter razão"[5], diz Rupert. Aquele que é suspeito de assassinato se torna realmente um assassino, a suposta vingança torna-se um assassinato. Ottokar e Agnes têm de morrer, pois a morte de seu irmão, marcada pela desconfiança, parece ter sido um assassinato. E não é só no fato, mas já na sua premeditação, que a desconfiança de quem não está totalmente cego se volta contra ele mesmo. Silvester percebe que não pode considerar Johann, que sacou o punhal contra sua filha, como um assassino contratado por Rupert, ainda que Johann mencione o nome de Rupert sob tortura. Pois Rupert acha que Silvester é o assassino de seu filho pela mesma razão: o homem que ele encontrou com a faca banhada de sangue ao lado de seu cadáver diz, sob tortura, o nome de Silvester. E o episódio que Gertrude lembra a Silvester, a fim de fortalecer a suspeita de que seu filho tinha sido envenenado por Rupert, acaba igualmente se voltando contra ela. Pois, se ela tivesse razão, então Silvester, que recorda o incidente com mais exatidão, teria sido envenenado não pela esposa de Rupert, mas pela sua própria esposa, Gertrude.[6]

4

A desconfiança não poderia conquistar seu domínio se houvesse uma forma de conhecimento seguro. Mas justamente esse conhecimento é recusado aos Schroffenstein. Uma vez que passaram do estado de natureza para o de contrato, eles arruinaram a única possibilidade de um conhecimento seguro: o do coração. Não seria trágico o fato de não haver confiança na faculdade de conhecimento se o homem pudesse orientar sua ação segundo outro parâmetro. Mas, ao contrário dos filhos, que se amam, os pais não reconhecem nenhuma outra faculdade. Assim, precisam fiar-se naquilo em que não podem confiar, pois não há ação que não siga a voz interior, ou aquilo que a ação toma por uma indicação da realidade. No entanto, em Kleist, os sinais que o mundo das aparências oferece ao homem para que ele encontre seu caminho o conduzem, invariavelmente, ao erro. E quanto mais precisos os sinais parecem ser, mais eles conduzem ao erro. Nem a mímica nem os gestos falam uma língua clara. "Expressões faciais/ São charadas que remetem a qualquer coisa", diz Ottokar.[7] E Johann, ao sacar o punhal para que Agnes o mate, por não corresponder ao seu amor, é surpreendido nessa situação e tomado por assassino. Mesmo em relação ao sentido da palavra não há nenhuma confiança. Quando a palavra parece ser mais inequívoca, porque se trata de um nome próprio, ela se mostra mais enganosa. Com grande ênfase, Rupert pronuncia, em seu juramento de vingança, o nome de Silvester. Mas a vingança acabará recaindo sobre o próprio Rupert, pois ele se deixou enganar pelo nome de Silvester, ouvido da boca do torturado. Certamente todos em volta ouviram a palavra e acreditam, junto com Rupert, na culpa de Silvester. No entanto o tumulto no mercado onde se dava a tortura impede que se perceba algo mais da confissão além do nome. Assim, na culpa de Silvester, aquilo que a confirma coincide com aquilo que a põe em questão. No entanto, Rupert fia-se nesse único nome ouvido e leva adiante a suposta vingança, que fará dele, assim como daquele de quem pretende se vingar, um assassino.

5

O casal de amantes constrói um mundo isolado nesse ambiente hostil, ao qual têm a incumbência de resistir, ao mesmo tempo em que devem salvá-lo. Felicidade e temor, confiança e desconfiança, conhecimento e erro se confrontam nos diálogos de Agnes e Ottokar. Só com muito esforço eles conseguem se libertar das garras da inimizade e da obsessão para encontrar um ao outro no caminho da verdade. Salvação e aniquilamento ainda estão misturados na cena em que Ottokar oferece a Agnes a água retirada da fonte. Após desmaiar em função da descoberta repentina da origem de Ottokar, Agnes acredita que a bebida que ele oferecera para reanimá-la estaria envenenada. No entanto bebe, desejando morrer, uma vez que o seu amado Ottokar quer a sua morte. É apenas gradativamente que a aparência enganadora do mundo exterior é rompida por aquele conhecimento do coração, do qual Agnes diz: "Pois há algo que se eleva sobre/ Toda fantasia e saber – o sentimento/ Da bondade de outra alma."[8] Nesse sentimento que é conhecimento o ser humano transpõe o abismo que o separa de outro ser humano – amor e conhecimento tornam-se novamente, para Kleist, os sinônimos que eram outrora. A cena final da tragédia – que originalmente é o seu núcleo – é dedicada à transformação no outro.[9] A cena dá forma aos dois temas fundamentais de toda a obra poética de Kleist em sua dimensão trágica: a separação entre os homens e a dificuldade do conhecimento. Ottokar e Agnes encontram-se em uma caverna entre Rossitz e Warwand, portanto entre os dois inimigos de que são filhos. Ali eles se recolhem em seu reino interior. Ottokar, que sabe da ameaça que seu pai fez a Agnes, tira da amada "o invólucro alheio"[10], entrega-lhe suas próprias roupas e, para enganar Rupert, veste as roupas dela. Cumpre-se assim a unificação e a transformação mútua dos dois amantes por intermédio daquilo que os separa e os distingue aos olhos dos pais, que julgam apenas a partir da aparência. Mas com isso o seu amor passa da bem-aventurança ao infortúnio. Em vez de superar o obstáculo da cegueira dos pais e salvar tanto os amantes como os inimigos da ruína iminente, o próprio amor se torna uma força que permite à cegueira realizar sua obra terrível. Rupert mata seu próprio filho, na ilusão de estar matando a filha de Silvester.

Este, pensando que Ottokar matara sua filha, lança-se contra aquele que usa as roupas de Ottokar e mata a própria filha, cuja morte quer vingar. Desse modo, a roupa de Ottokar, supostamente uma salvação para Agnes, converte-se em sua ruína, e o amor que deveria vencer a inimizade torna-se seu terrível cúmplice e vingador. Os pais, uma vez despertados para a verdade, podem até acabar apertando as mãos em sinal de reconciliação; no entanto, Johann, filho natural de Rupert, que como tal não é contemplado pelo contrato testamentário e por isso é um filho da natureza, perde a cabeça por causa do mundo antinatural, lançando sobre a cena dessa concórdia demasiado tardia uma sombra de loucura que lembra Shakespeare. Para Úrsula, irmã das bruxas de Macbeth, que se encontra na origem do engano trágico, ele diz as palavras de terrível ironia, que convertem o mal em bem depois que o bem se tornara tragicamente o mal: "Vá embora, velha bruxa. Você fez um bom truque,/ Estou satisfeito com a obra, vá embora."[11]

BÜCHNER
A morte de Danton

1

A peça de Büchner é a tragédia do revolucionário. Danton não morre como mártir da revolução — tomba como vítima dela. A revolução aniquila até mesmo o revolucionário que tenta impedir que ela se converta em tirania. Reunindo tragicamente criação e destruição, a ligação entre revolução e tirania lembra a relação entre pai e filho que está na base de *Édipo Rei*. Mas o aprofundamento mítico do contexto histórico já está consumado na obra de Büchner. "A revolução é como Saturno: ela devora seus próprios filhos", diz Danton.[1] E Saint-Just, que acredita na significação desse sacrifício, ou pelo menos finge que acredita, compara a revolução com as filhas de Pélias, em seu discurso perante a Convenção Nacional que deve condenar Danton: "A revolução despedaça a humanidade, para rejuvenescê-la."[2] Nesse caso, a ironia da comparação passa despercebida ou é silenciada, pois as filhas do rei de Iolco foram vítimas do conselho demoníaco de Medéia: na ilusão de rejuvenescer seu pai, mataram-no. A conversão da felicidade em infortúnio, que também caracteriza o curso histórico, está presente na própria estrutura antitética da revolução, que se baseia simultaneamente no amor e no ódio. Como a virtude tem que usar o horror a seu serviço, ela se transforma necessariamente em seu oposto. A revolução, que a princípio foi destrutiva para poder trazer alívio, no final destrói porque não pode aliviar. "Saiam da frente! Saiam! Meus filhos estão chorando, estão com fome. Preciso deixá-los ver para que fiquem quietos. Saiam!"[3], grita uma mãe na Praça da Revolução durante a execução de Danton. A guilhotina deveria abolir as diferenças de classe e possibilitar a República — então, segundo uma expressão de Mercier,[4] ela republicaniza porque não faz mais distinção entre nobres e revolucionários: ambos estão entre suas vítimas. A ironia dessa declaração ultrapassa a oposição trágica entre intenção e realidade efetiva, ao apontar seus efeitos idênticos. Desse modo, tal declaração esclarece com grande nitidez o processo trágico que põe o revolucionário sob a lâmina da guilhotina revolucionária. Acrescenta-se a isso o fato de que o moderado Danton precisa cair, porque os radicais hebertistas foram executados, e isso poderia despertar no povo a desconfiança da moderação: assim Danton, também por isso um herói trágico, morre mais pela causa do adversário do que por sua própria causa. E a tragicidade natural do acontecimento histórico é ainda mais acentuada pela interpretação de Büchner. O "macabro fatalismo da história", sob o qual ele se sente, após seu estudo, "como que reduzido a nada"[5], não significa que a revolução seja condenada ao fracasso por causa da incapacidade que os homens têm de lutar contra os poderes vigentes. Ela fracassa porque não consegue se livrar do encantamento da exigência "é preciso", e acaba até mesmo baseando-se nela, assim como nela se baseiam as condições que a revolução pretende abolir. A revolução que inscreveu a liberdade em sua bandeira não surgiu da livre decisão dos revolucionários. "Não fomos nós que fizemos a revolução, mas a revolução que nos fez"[6], diz Danton, em cuja comparação da revolução com Saturno ela desempenhava justamente o papel do criador destruidor, e não o da criatura. Essa citação demonstra a tragicidade de Danton também a partir de outra perspectiva, pois ela impõe a questão do tipo de homem que a revolução fez dele. "Danton tem belas roupas, Danton tem uma bela casa, Danton tem uma bela mulher, banha-se em vinho da Borgonha, come carne de caça com talheres de prata e dorme com as esposas e filhas do povo quando está bêbado!"[7] — assim o descreve um burguês na praça diante do Palácio da Justiça, e com isso o destino de Danton está selado, uma vez que o povo responde com a exclamação: "Abaixo o traidor!" Contudo, a descrição termina com um demagógico *argumentum ad hominem*, a fim de que o povo não perceba que seu ponto de partida diz respeito às exigências de felicidade que a revolução prometera a todos, e que Danton parece já aproveitar. O povo "odeia os que desfrutam a vida como um eunuco odeia os homens"[8], diz Danton. E o que Robespierre denomina seu vício é o deleite desmedido da beleza e da felicidade, de que Danton e seus amigos não queriam abrir mão e pelos quais o anseio do povo não diminui. Assim, Danton não sucumbe apenas à revolução, mas também à vitória revolucionária que ele mesmo já conquistou. Ele é um traidor não por ter feito uma aliança com o rei e com países estrangeiros — como suspeita o povo —, mas porque, em meio à vertigem do aniquilamento, permaneceu fiel àquela felicidade que não negaria a ninguém, embora desfrute dela antes dos demais.

2

Mas a obra é mais do que a tragédia do revolucionário. Pois não apenas o Danton revolucionário se torna uma vítima da revolução; o Danton homem também se torna uma vítima de si mesmo. Nas duas cenas que antecedem sua prisão, Danton antecipa-se a seus inimigos, que pretendem condená-lo à morte. A cena intitulada "Uma campina" destaca-se das outras tanto por ser um monólogo como por sua localização na peça. O mais importante é que, com a decisão de Danton de interromper a fuga e retornar, essa cena apresenta a peripécia do drama e possibilita uma compreensão do destino de Danton que liberta a sua tragicidade do tema da revolução. A caminho do esconderijo que lhe foi oferecido, ocorre-lhe o seguinte: "O local deve ser seguro, sim, mas para a minha memória, e não para mim; o túmulo me dá mais segurança, pelo menos me permite o *esquecimento*. Ele mata a minha memória. Mas no esconderijo minha memória sobrevive e me mata."[9] A unidade entre salvação e aniquilamento, que na maior parte das vezes a tragédia apresenta no desdobramento da ação, é reconhecida aqui de uma forma condensada na reflexão. O futuro, que salvaria Danton de seus inimigos, seria ao mesmo tempo seu aniquilamento, pois salvaria também o inimigo que ele traz consigo. "Então eu corri como um cristão, para salvar um inimigo, ou seja, minha memória." O fato de que a fuga do inimigo interior e a do inimigo exterior excluam-se mutuamente demonstra o paradoxo trágico da sorte de Danton. Ele nada tem em comum com o criminoso ao qual é dado escapar do agente da lei apenas para ser julgado por sua própria consciência. Pois o que Danton se censura não é a depravação que o levará à guilhotina, mas seu papel nos assassinatos de setembro. Para os carrascos, o papel de Danton foi um mérito, e não uma culpa — o que deveria justamente protegê-lo da execução. Assim, a identificação entre salvação e aniquilamento é concretizada não só na fuga como também nos atos de cuja lembrança Danton foge. Esses atos o perseguem à noite na forma do grito "Setembro", quando ele é assaltado por alucinações. Na conversa com Julie, Danton tenta se convencer da necessidade daquela matança. Mas seu conhecimento do impulso que deve orientar toda ação humana o impede de relacionar a esse impulso, por sua livre decisão, a salvação da pátria pelo assassinato dos prisioneiros da nobreza e do clero. Sendo assim, ele também não pode decidir se a ação foi justa ou não. "O que é isso que, em nós, mente, fornica, rouba e mata?", pergunta ele com palavras que se encontram também na carta de Büchner que fala sobre o fatalismo da história. E tampouco é uma decisão de Danton citar o passado diante do tribunal da consciência. No diálogo com Robespierre ele se refere à consciência como "um espelho diante do qual um macaco se atormenta"[10]. A percepção do "é preciso"[11] é incapaz de acalmá-lo, pois ele a reconhece como uma causa não só de seus atos, mas também da memória que lhe é tão alheia quanto o homicídio que ela condena. Por isso, Danton recusa-se a dar a esse "é preciso" o nome de consciência. E foge da luta interna em que não pode tomar parte para seus assassinos, a fim de não se tornar seu próprio assassino.

3

A mudança no caminho de Danton que leva ao aniquilamento salvador para uma salvação aniquiladora é seguida de dois momentos que alteram decisivamente sua tragicidade. Em sua fuga, ele no fundo anseia pela morte que o aguarda na Paris de Robespierre, e ao mesmo tempo se recusa a acreditar totalmente nela. Em seguida à frase histórica "Eles não ousarão", o herói de Büchner diz: "É um sentimento de permanência que me diz: amanhã será como hoje, e depois de amanhã, e assim por diante, será tudo como antes."[12] No entanto, de um modo trágico, o sentimento de que tudo deve permanecer igual — a que Danton atribui a continuidade de sua vida — é exatamente o mesmo tédio que o expulsa da vida. E a tragicidade de sua ilusão se deve não só ao fato de que essa ilusão provém de um sentimento ao qual ele dá a mesma atenção que daria a algo proveniente da natureza, mas também ao simples fato de ele lhe dar atenção. Pois, por muito tempo, a clareza excessiva de sua consciência e a exigência de um conhecimento que prevaleça sobre tudo tornaram os sentimentos estranhos a Danton. À pergunta de Julie, que deseja saber se ele acredita nos sentimentos, ele responde: "Que sei eu! Sabemos pouco uns dos outros. ... Conhecer um ao outro? Teríamos que abrir o crânio e arrancar os pensamentos do cérebro do outro."[13] Ao fazer da destruição do amado uma condição de seu conhecimento essa frase já anuncia a morte de Danton na primeira cena da peça. Antes de seus inimigos entrarem em cena, antes mesmo de as recordações da matança de setembro o assaltarem, sua vida está condenada. Ela se tornou uma vida que não é mais possível viver. E quando a resolução do Comitê de Salvação Pública é anunciada, Danton não oculta seus sentimentos: "Eles querem minha cabeça; que fiquem com ela."[14] No entanto, apesar de Danton consentir em sua ruína, seu destino não deixa de ser trágico. Se por um lado enfraquece a tragicidade de sua morte ao mostrá-la como algo desejado, esse consentimento fortalece a tragicidade de sua vida, que tem de se voltar contra si mesma. "A vida não é digna do trabalho que temos para mantê-la", diz Danton.[15] No entanto esse trabalho é, para os vivos, a própria vida, e essa unidade só se divide em meio e fim para o olhar de estranhamento de Danton, arrancado da vida antes mesmo da morte, pelo conhecimento. Esse olhar que não compreende mais a vida, porque já a compreendeu antes, é compartilhado por Danton com a maioria dos heróis trágicos, como Hamlet, a quem muitas vezes é comparado. No entanto, o que torna o mundo estranho para Hamlet é a obrigação de vingar seu pai, enquanto Danton é impedido de acreditar em obrigações justamente pelo estranhamento do mundo; todos os dois sabem, e sacrificam a vida a seus saberes, mas Hamlet sabe de um crime que tem de ser expiado, enquanto Danton pensa conhecer a própria vida. Seu conhecimento inutiliza e destrói, independentemente de penetrar no mundo ou se retirar dele. Tanto o que é decifrado quanto o que é revelado como enigma torna-se, para o olhar de Danton, insípido e morto. Esse olhar é mortal, porque é o olhar de um morto. "Você me chamou de santo morto. Tinha mais razão do que pensara", diz Danton a Lacroix,[16] e mais tarde: "Todos nós somos enterrados vivos e, como reis, sepultados em ataúdes triplos ou quádruplos, sob o céu, em nossas casas, em nossos casacos e camisas. — Arranhamos as tampas de nossas sepulturas por cinqüenta anos."[17] A tragicidade de Danton não é ser levado à morte pelas contradições da vida, mas sim que a morte entra em contradição com sua vida no próprio território da vida. O que faz Danton sofrer é a oposição entre o corpo, que é ativo, e o espírito, que o observa sem agir;[18] entre o amor à outra vida e o conhecimento que destrói a vida amada. É apenas por meio dessa autodissolução da vida que o prazer ocupa sozinho o trono, dando origem àquele epicurismo de que Danton se declara partidário com um orgulho desesperado. No entanto, como a morte se aninhou na própria vida, ela não pode mais ser a saída para a qual os heróis trágicos se precipitam com uma claridade ofuscante. A peça se chama *A morte de Danton* não só porque apresenta os últimos dias de seu protagonista, mas porque a morte — que muitas vezes se evidenciou como um momento constitutivo da forma da poesia trágica — aqui se tornou problemática. Em oposição a Fedra, Hamlet, e Demétrio, cujas mortes não precisam ser designadas no título, o que caracteriza Danton não é tanto que ele tem de morrer, mas que não pode morrer porque já está morto. Para uma vida que experimenta a si mesma como morta[19] não há nenhum caminho de saída: seu desfecho é a lâmina da guilhotina, que encontra o corpo do herói tão inanimado como se ele já estivesse morto. Sob a guilhotina, o herói de Büchner vem a ser uma expressão intensificada de si mesmo: a morte de Danton é a vida de Danton.[20]

Notas

Prefácio (p.9-21)

1. *Briefe*, Frankfurt, Suhrkamp, 1993, p.73. (Zurique, 13.9.1957).
2. Ibid., p.113. Carta a Fritz Arnold, Berlim, 13.12.1960.
3. *Theorie des modernen Dramas*, Frankfurt, Suhrkamp, 1963, p.10.
4. *Briefe*, p.103.
5. Cf. *Das lyrische Drama des fin de siècle. Studienausgabe der Vorlesungen Band 4*, Frankfurt, Suhrkamp, 1975; e *Einführung in die literarische Hermeneutik. Studienausgabe der Vorlesungen Band 5*, Frankfurt, Suhrkamp, 1975.
6. *Poetik und Geschichtsphilosophie I. Studienausgabe der Vorlesungen Band 2*, Frankfurt, Suhrkamp, 1974; e *Poetik und Geschichtsphilosophie II. Studienausgabe der Vorlesungen Band 3*, Frankfurt, Suhrkamp, 1974.
7. *Poetik und Geschichtsphilosophie I*, vol.2, p.13.
8. Ibid., p.14.
9. *Briefe*, Frankfurt, Suhrkamp, 1993.
10. Ibid., p.17. Carta a Mario von Ledebur (Zurique, 15.05.1952).
11. Ibid., p.190. Carta a Rainer Gruenter (Berlim, 07.06.1966).
12. Ibid., p.135. Carta a Theodor Adorno (Zurique, 05.12.1963).
13. Ibid., p.153. Carta a Theodor Adorno (Zurique, 22.02.1964).
14. Ibid., p.243. Essa resposta, escrita em 21 de novembro, foi incluída nas notas da carta a Paul Celan (Berlim, 19.11.1967).
15. Ibid., p.267. Carta a Gershom Scholem (Berlim 03.05.1969).

Introdução (p.23-25)

1. Cf. indicação por Emil Staiger, *Der Geist der Liebe und Schicksal* [*O espírito do amor e do destino*], Leipzig, Frauenfeld, 1935, p.41. Além dele, Friedrich Th. Vischer, *Über das Erhabene und Komische* [*Sobre o sublime e o cômico*], in *Kritische Gänge* [*Vias críticas*], 2ªed., vol.4, p.8: "Só desde o seu surgimento [de Schelling] tornou-se possível um sistema da estética, uma vez que ele retomou primeiro o ponto de vista da idéia."
2. Cf. sobretudo Max Kommerell, *Lessing und Aristoteles. Untersuchungen über die Theorie der Tragödie* [*Lessing e Aristóteles. Investigações sobre a teoria da tragédia*]. Frankfurt, 1940.

3. Miguel de Unamuno, *Das tragische Lebensgefühl* [*O sentimento trágico da vida*], Munique, 1925.
4. "Você verá todo o trágico, como diria o crítico alemão Curtius, de minha situação.", Marcel Proust em carta a Sidney Schiff, *Correspondance générale*, t.3, Paris, 1932, p.31.
5. Cf. Hegel, *Rechtsphilosophie* [*Filosofia do direito*], *Jubiläums Ausgabe*, vol.7, p.37.

PARTE I: A FILOSOFIA DO TRÁGICO

Schelling (p.29-32)

1. F.W.J. Schelling, *Briefe über Dogmatismus und Kritizismus* [*Cartas sobre dogmatismo e criticismo*], *Hauptwerk der Philosophie in originalgetreuen Neudrucken* [*Obra-prima da filosofia em nova edição fiel ao original*], vol.3, Leipzig, F. Muller, 1914, p.81ss. Cf. E. Staiger, *Der Geist der Liebe und das Schicksal* [*O espírito do amor e do destino*], p.41.
2. *Grudlage der gesamten Wissenschaftslehre* [*Fundamentos da completa doutrina da ciência*], in *Werke* [*Obras*], org. F. Medicus, Leipzig, Fritz Eckart, 1911, vol.1, p. 295.
3. *Aus Schellings Leben* [*Da vida de Schelling*], Leipzig, S. Hirzel, 1869, vol.1, p.76s.
4. Idem.
5. Schelling, *Briefe*..., p.84.
6. Ibid., p.85.
7. Ibid., p.88.
8. Ao longo deste ensaio, "dialética" e "dialético" seguem o uso que Hegel faz dos termos, designando, embora sem as implicações de seu sistema, os seguintes fatos e processos: unidade dos contrários, mudança de um termo em seu oposto, negação de si mesmo, autodivisão.
9. F.W.J. Schelling, *Philosophie der Kunst* [*Filosofia da arte*], in *Werke* [*Obras*], Stuttgart, G. Cotta, 1856-61, parte I, vol.5, p.693.
10. Ibid., p.696.
11. Ibid., p.380.
12. Ibid., p.383.
13. Ibid., p.687.

Hölderlin (p.33-36)

1. Friedrich Hölderlin, *Sämtliche Werke* [*Obras completas*], Stuttgart, Grosse Stuttgarter Ausgabe, org. Ed. Fr. Beissner, vol.4, p.274; *Sämtliche Werke: Historisch kritische Ausgabe* [*Obras completas: Edição histórico-crítica*], org. L.V. Pigenot, Berlim, Propiläen, 1943,

vol.3, p.275, linha 1: "a partir do paradoxo" – versão de Zinkernagel e Beissner (cf. "Zum Hölderlin-Text. Neue Lesungen zu einigen theoretischen Aufsätzen" ["Sobre o texto de Hölderlin. Novas leituras sobre alguns ensaios técnicos"], in *Dichtung und Volkstum* [*Poesia e nacionalidade*], 1938). Versão anterior, segundo Pigenot: "A significação [própria] de todas as tragédias se explica a partir do paradoxo de que tudo o que é original – porque toda possessão é repartida igualmente, de modo justo – não aparece realmente, mas propriamente apenas em sua fraqueza." (Ver *Werke* [Pigenot], vol.3; p.589.)

2. *Werke*, vol.6, p.329.
3. Ibid., p.300.
4. Ibid., vol.4, p.154.
5. Ibid., p.156s.
6. Ibid., p.157.
7. Idem.
8. Ibid., vol.5, p.201.
9. Ibid., p.202.
10. Ibid., p.197.

Hegel (p.37-45)

1. G.W.F. Hegel, *Über die wissenschaftlichen Behandlungsarten des Naturrechts, seine Stelle in der praktischen Philosophie, und sein Verhältnis zu den positiven Rechtswissenschaften.* [*Sobre as formas de tratamento científico do direito natural, sua posição na filosofia prática e sua relação com as ciências positivas do direito*], in *Jubiläums Ausgabe*, vol.1, p.501s.
2. Ibid., p.525.
3. Ibid., p.452.
4. Ibid., p.527.
5. Ibid., p.509s.
6. Ibid., p.500.
7. Ibid., p.501.
8. *Hegels theologische Jugendschriften.* [*Escritos de juventude teológicos de Hegel*], org. H. Nohl, Tübingen, J.C.B. Mohr, 1907, p.283.
9. Ibid., p.392.
10. Ibid., p.393.
11. Ibid., p.281.
12. Idem.
13. Ibid., p.293.
14. G.W.F. Hegel, *Über die wissenschaftlichen Behandlungsarten des Naturrechsts*, p.441.
15. G.W.F. Hegel, *Ästhetik* [*Estética*], in *Jubiläums-Ausgabe*, vol.14, p.528s.

16. Ibid., p.567.
17. Ibid., p.556.
18. A isso corresponde, na *Estética* de Hegel, a posição da forma de arte clássica (grega) entre o simbólico (hebraico) e o romântico (cristão). Cf. *Ästhetik*, in *Jubiläums-Ausgabe,* vol.13, p.15.
19. *Theologische Jugendschriften,* p.260.
20. Com relação a Hegel, cf. também p.78 deste ensaio.

Solger (p.46-47)

1. *Vorlesungen über Ästhetik* [*Conferências sobre estética*], org. Karl Wilhelm Ludwig Heyse, Leipzig, F.A. Brockhaus, 1829, p.309, 311.
2. Ibid., p.310.
3. Solger, *Nachgelassene Schriften und Briefwechsel* [*Escritos póstumos e correspondência*], org. Ludwig Tieck e Friedrich von Raumer, Leipzig, F.A. Brockhaus, 1826, vol.2, p.466.
4. *Vorlesungen*, p.97.
5. Ibid., p.77.
6. Ibid., p.96.

Goethe (p.48-51)

1. *Unterhaltungen mit Goethe* [*Conversações com Goethe*], org. Ernst Grumach, Weimar, Böhlau, 1956, p.118.
2. Goethe, em uma conversação com Eckermann, datada de 28.03.1827.
3. Carta a C.F. Zelter, 31.10.1831, *Goethes Werke* [*Obras*], *Sophien-Ausgabe*, parte IV, vol.49, p.128.
4. *Goethes Werke, Propyläen-Ausgabe,* org. Ernst Schukte-Strathaus, Munique, G. Muller, 1910, vol.35, p.84.
5. Ibid., vol.6, p.48.
6. Ibid., vol.35, p.84.
7. Ibid., vol.33, p.255.
8. Ibid., vol.35, p.190.

Schopenhauer (p.52-54)

1. Arthur Schopenhauer, *Sämtliche Werke* [*Obras completas*], org. Arthur Hübscher, Leipzig, Brockhaus, 1938, vol.2, p.298s, vol.3, p.495.
2. Ibid., vol.2, p.216.
3. Ibid., p.323.
4. Ibid., p.217.
5. Ibid., p.181.
6. Ibid., p.179.

Vischer (p.55-58)

1. Friedrich Theodor Vischer, *Über das Erhabene und Komische* [*Sobre o sublime e o cômico*], in *Kritische Gänge* [*Vias críticas*], 2ªed., vol.4, p.63s.
2. Ibid., p.404.
3. *Mein Lebensgang* [*Minha vida*], in ibid., vol.6, p.472.
4. Cf. Ewald Volhard, *Zwischen Hegel und Nietzsche. Der Ästhetiker Friedrich Theodor Vischer.* [*Entre Hegel e Nietzsche. A estética de Friedrich Theodor Vischer*], Frankfurt, Klostermann, 1932.
5. F.Th. Vischer, *Kritische Gänge*, vol.4, p.28.
6. Ibid., p.29.
7. Ibid., p.65.
8. Ibid., p.71.
9. Ibid., p.89.
10. *Ästhetik* [*Estética*], in *Kritische Gänge*, vol.6, p.275.

Kierkegaard (p.59-62)

1. Søren Kierkegaard, *Unwissenschaftliche Nachschrift* [*Pós-escrito não-científico*]. In *Kierkegaard-Jubiläums-Ausgabe*, p.709, 711.
2. Cf. p.50 do presente ensaio.
3. Kierkegaard, *Entweder/Oder* [*Ou/ou*], trad. alemã E. Hirsch, Gütersloh, Gerd Mohn, vol.1, p.175.
4. Kierkegaard, *Die Krankheitz zum Tode und anderes* [*A doença para a morte e outros*], in *Jubiläums-Ausgabe*, p.245.
5. Kierkegaard, *Unwissenschaftliche Nachschrift*, p.717s.
6. Kierkegaard, *Stadien auf dem Lebensweg* [*Estágios no caminho da vida*], trad. alemã Ch. Schrempf, Iena, Eugen Diederichs, vol.4, 1914, p.414.
7. Kierkegaard, *Entweder/Oder*, vol.1, p.176.
8. Kierkegaard, *Die Tagebücher* [*Os diários*], trad. alemã Th. Haecker, 3ªed., 1949, p.134.
9. Cf. seguinte passagem dos diários (*Tagebücher*, p.248): "Desde a minha mais tenra infância há uma flecha do sofrimento cravada em meu coração. Enquanto está ali, sou irônico — se for retirada, então morrerei."

Hebbel (p.63-66)

1. Friedrich Hebbel, *Sämtliche Werke* [*Obras completas*], org. Richard Marie Werner, Berlim, Behr, 1904, parte I, vol.11, p.35.
2. Ibid., p.29.
3. Hebbel, *Tagebücher* [*Diários*], in *Sämtliche Werke*, parte II, nº2.664.
4. Hebbel, *Sämtliche Werke*, parte I, vol.11, p.30.

5. Cf. Hebbel, *Tagebücher*, nºs988, 998, 1.007 (sobre Solger) e *Briefwechsel* [*Correspondência*], org. Felix Bamberg, Berlim, G. Grote, 1890, vol.I, p.107s.
6. Hebbel, *Tagebücher*, nº2.771.
7. Ibid., nº1.034.
8. Hebbel, *Sämtliche Werke*, parte I, vol.11, p.32.
9. Ibid., p.31.
10. Hebbel, *Tagebücher*, nº3.088.
11. Hebbel, *Sämtliche Werke*, parte I, vol.11, p.30s.
12. Hebbel, *Tagebücher*, nº2.634, Cf. também nº3.168.
13. Ibid., nº 2.721.
14. Cf. p.79 do presente ensaio.
15. Hebbel, *Sämtliche Werke*, parte I, vol.11, p.61.
16. Hebbel, *Tagebücher*, nº1.012.

Nietzsche (p.67-69)

1. Friedrich Nietzsche, *Werke* [*Obras*], Stuttgart, 1921, t.1, p.194.
2. Ibid., p.64.
3. Ibid., p.196.
4. Ibid., p.90.
5. Ibid., p.101.
6. Idem.
7. Ibid., p.102.

Simmel (p.70-72)

1. Georg Simmel, "Der Begriff und die Tragödie der Kultur" [O conceito e a tragédia da cultura], *Logos*, II, Tübingen, J.C.B. Mohr, 1912, p.21s; também in *Philosophische Kultur* [*Cultura filosófica*], Leipzig, Klikhardt, 1911.
2. Wilhelm Dilthey, *Gesammelte Schriften* [*Escritos reunidos*], org. Martin Redeker e Ulrich Herrmann, Berlim, B.G. Teubner, 1921, vol.8, p.71.
3. Simmel, "Der Begriff und die Tragödie der Kultur", *Logos*, II, p.1.
4. Ibid., p.6.
5. Ibid., p.25.
6. Simmel, *Fragmente und Aufsätze aus dem Nachlass und Veröffentlichungen der letzten Jahre* [*Fragmentos e ensaios póstumos e publicações dos últimos anos*], Munique, Drei Masken, 1923, p.115.
7. Ibid., p.113.
8. Ibid., p.20.

Scheler (p.73-75)

1. Max Scheler, "Zum Phänomen des Tragischen" [Sobre o fenômeno do trágico], in *Vom Umsturz der Werte. Abbandlungen und Aufsätze* [*Da revolução dos valores. Artigos e ensaios*]. *Gesammelte Werke* [*Obras reunidas*], Berna, Francke, 1955, vol.3, p.155, 158.
2. Max Scheler, *Der Formalismus in der Ethik und die materiale Werthetik...* [*O formalismo na ética...*], Halle, Niemeyer, 1913, p.160.
3. Ibid. p.10.
4. Análogo a Jaspers in *Von der Wahrheit* [*Da verdade*]: "Tragik ist dort, wo die Mächte, die kollidieren, jede für sich wahr sind." ["A tragicidade se encontra onde os poderes que colidem são, cada um por si, verdadeiros."] (*Über das Tragische* [*Sobre o trágico*], Munique, Piper, 1952, p.29.)
5. Scheler, *Zum Phänomen des Tragischen*, p.153.
6. Ibid. p.159.

Transição (p.77-86)

1. Assim como, por exemplo, in O. Mann, *Poetik der Tragödie* [*Poética da tragédia*] (Berna, Francke 1958), que se volta contra a "especulação" daqueles pensadores a que se referem os comentários deste estudo.
2. Walter Benjamin, *Ursprung des deutschen Trauerspiels* [*A origem do drama barroco alemão*], Berlim, 1928, p.19 (*Schriften* [*Escritos*], Frankfurt, 1955, vol.1, p.149).
3. Ibid, p.99 (*Schriften*, p.227).
4. Ibid., p.100 (*Schriften*, p.228).
5. Idem.
6. In *Die Argonauten* [*Os argonautas*], I, Heidelberg 1914. (Também em *Schriften*, vol.1, p.31s.)
7. *Ursprung*, p.101 (*Schriften*, p.229).
8. Ibid., p.102 (*Schriften*, p.230).
9. Cf p.31s do presente ensaio.
10. Cf. p.65 do presente ensaio.
11. Hegel, *Vorlesungen über die Geschichte der Philosophie* [*Conferências sobre a história da filosofia*], in *Jubiläums-Ausgabe*, org. Hermann Glockner, Stuttgart, Frommanns, vol.18, p.119s.
12. Cf. p.39ss do presente ensaio.
13. Benjamin, *Ursprung*, p.102 (*Schriften*, p.230).
14. Ernst Bloch, *Das Prinzip Hoffnung* [*O princípio esperança*], Frankfurt, Suhrkamp, 1959, p.1.372ss. Cf. também *Der Geist der Utopie* [*O espírito da utopia*], Berlim, 1923, p.279ss.
15. *Ursprung*, p.96 (*Schriften*, p.224).

16. Aristóteles, *Poética*, cap.13.

17. Ibid., cap.14.

18. Lessing, *Werke* [*Obras*], org. J. Petersen, Berlim/ Leipzig/ Viena/ Stuttgart, Bongs Goldene Klassiker-Bibliothek, 1925, vol.5, p.172.

19. Schiller, *Kleinere prosaische Schriften* [*Pequenos escritos prosaicos*], reunidos a partir de várias revistas pelo próprio autor e melhorados, Leipzig, Crusius, 1802, vol.4, p.129s.

20. *Schillers Demetrius* [*Demétrio*], org. Gustav Kettner, Weimar, Goethe-Gesellshcaft, 1894, p.210.

21. Julius Bahnsen, *Das Tragische als Weltgesetz und der Humor als ästhetische Gestalt des Metaphysischen* [*O trágico como lei universal e o humor como forma estética do metafísico*], Lauenburg, 1877.

22. Eleutheropulos, *Das Schöne* [*O belo*], Berlim, C.A. Schwetschke, 1905, p.147ss.

23. J.H. von. Kirchmann, *Ästhetik auf realistischer Grundlage* [*Estética em bases realistas*], Berlim, L. Heimann, 1868, vol.2, p.29. Semelhante a Nicolai Hartmann: "Das Tragische im Leben ist der Untergang des menschlich Hochwertigen." [O trágico na vida é a derrocada do maior valor humano] (*Ästhetik* [*Estética*], Berlim, de Gruyter, 1953).

24. Cf. Verf.: *Friedrich Schlegel und die romantische Ironie* [*Friedrich Schlegel e a ironia romântica*]. In: Euphorion, Band 48/1954, bes. p.406.

PARTE II: ANÁLISES DO TRÁGICO

Epígrafe citada segundo K. Reinhardt, *Sophokles*, Frankfurt, 1947, p.12.

Sófocles: Édipo Rei (*p.89-94*)

1. *König Ödipus* [*Édipo Rei*], in *Sophokles: Tragöedien* [*Tragédias*], trad. alemã E. Staiger, Zurique, Atlantis, 1944 v.145-146.

2. Schiller, em carta a Goethe, 2.10.1797.

3. V.1.198 na tradução de Hölderlin, in *Sämtliche Werke* [*Obras completas*], org. Fr. Beissner, vol.5.

4. Cf. Karl. Kerényi, *Die Heroen der Griechen* [*Os heróis dos gregos*], Zurique, Rhein, 1958, p.103ss; Albin Lesky, *Die tragische Dichtung der Hellenen* [*A poesia trágica dos helenos*], Göttingen, Vandenhoeck und Ruprecht, 1956, p 63-4 e 193.

5. Cf. E. Staiger, *Grundbegriffe der Poetik* [*Conceitos fundamentais da poética*], Zurique, Atlantis, 1946, p.196ss.

6. Cf. Karl. Reinhardt, *Sophokles*, Frankfurt, Klostermann, 1947, p.105ss.
7. V.357 na tradução de Hölderlin.
8. V.1.179-80 na tradução de E. Staiger.

Calderón de la Barca: A vida é sonho (p.95-101)

1. Calderón de la Barca, *Das Leben ein Traum* [*A vida é sonho*], in *Calderon: Schauspiele* [*Peças*], trad. alemã J.D. Gries, Berlim, Nicolai, 1815, vol.1, p.199. [Os versos originais são: *"porque de los infelices/ aun el mérito es cuchillo,/ que a quien le daña el saber,/ homicida es de sí mismo!"* (N.T.)]
2. Cf. Max Kommerell, *Beiträge zu einem deutschen Calderón* [*Contribuições para um Calderón alemão*], Frankfurt, Klostermann, 1946, vol.1, p.218ss.
3. *Das Leben ein Traum*, p.250s. [Os versos originais são: "*que soy muy inclinado/ a vencer lo imposible. Hoy he arrojado/ dese balcón a un hombre que decía / que hacerse no podía;/ y así, por ver si puedo, cosa es llana/ que arrojaré tu honor por la ventana.*" (N.T.)]
4. Ibid., p.251. [Os versos originais são: "*Mas ¿qué ha de hacer un hombre,/ que de humano no tiene más que el nombre / atrevido, inhumano,/ crüel, soberbio, bárbaro y tirano,/ nacido entre las fieras?*" (N.T.)]
5. Ibid., p.256. [Os versos originais são: "*pues aun ésas podría/ ser que viese a mis plantas algún día;/ porque aún no estoy vengado/ del modo injusto con que me has criado.*" (N.T.)]
6. Ibid., p.296s. [Os versos originais são: "*Poco reparo tiene lo infalible,/ y mucho riesgo lo previsto tiene;/ si ha de ser, la defensa es imposible,/ que quien la excusa más, más la previene./ ¡Dura ley! ¡Fuerte caso! ¡Horror terrible!/ Quien piensa que huye el riesgo, al riesgo viene,/ con lo que yo guardaba me he perdido;/ yo mismo, yo mi patria he destruído.*" (N.T.)]
7. Ibid., p.329. [Os versos originais são: "*Pues yo, por librar de muertes/ y sediciones mi patria,/ vine a entregarla a los mismos/ de quien pretendí librarla*". (N.T.)]

Shakespeare: Otelo (p.102-106)

1. Paul Ernst, *Der Weg zur Form* [*O caminho para a forma*], Munique, G. Muller, 3ªed., p.121.
2. *Otelo*, ato 5, cena 2, v.16-9. [Utilizamos a tradução de Carlos Alberto Nunes em *Shakespeare, Teatro completo*, Rio de Janeiro, Ediouro, p.654. Os versos originais são: "*O balmy breath, that dost almost persuade/ Justice to break her sword! — One more, one more./ Be thus when thou art dead, and I will kill/ And love thee after.*" Citado em inglês por Szondi. (N.T.)]

3. Ibid., ato 2, cena 3, v.360-2 [Os versos originais são: "*So will I turn her virtue into pitch,/ And out of her own goodness make the net/ That shall enmesh them all.*" Citado em inglês por Szondi. (N.T.)]
4. Cf. Hegel e Kierkegaard sobre Sócrates.
5. Shakespeare, *Otelo*, ato 3, cena 3 ("*Give me the ocular proof*").
6. Ibid., ato 1, cena 3, v.287-88. [Os versos originais são: "*Look to her, Moor, if thou have eyes to see/ She has deceived her father, and may thee.*" Citado em inglês por Szondi. (N.T.)].

Gryphius: Leo Armenius *(p.107-111)*

1. Cf. a distinção feita por Walter Benjamin em *Origem do drama barroco alemão*, que no entanto também concebe *Leo Armenius* como "tragédia de mártir", portanto como drama [*Trauerspiel*].
2. A coincidência respectivamente espacial e temporal do assassinato de ambos os heróis de Gryphius, Leo Armenius e Carolus Stuardus, com a crucificação de Cristo também poderia fazer a morte do primeiro, à semelhança da morte do rei inglês, aparecer como morte de mártir. No entanto as diferenças entre os dois casos são tão significativas, principalmente no que diz respeito à atitude dos homens prestes a morrer em relação a essa coincidência, que o movimento rumo ao martírio, no caso de Leo — assim como no caso da imperatriz Theodosia —, deve ser compreendido antes como contraste entre o tirano e o mártir do que como uma interpretação direta do tirano como mártir ou sua identificação. (Walter Benjamin, *Ursprung des deutschen Trauerspiels* [*Origem do drama barroco alemão*], p.63). ... Comparem-se as duas descrições. *Leo Armenius*: "Ele sentia que perdia a força pouco a pouco/ Quando apanhou a madeira a que estava preso/ Quem, ao morrer, nos redimiu, a árvore em que o mundo/ Livra-se de seu medo, para que a morte agrade/ A quem assusta o inferno. Pensai na vida, exclama,/ Que se ofereceu a esse fardo por vossas almas!/ *Não maculais o sangue do senhor, que impregnou esse tronco,/ Com sangue de pecador! Se cometi tantas faltas,/ Cuidado, por temor de quem esse tronco suportou/ Para não golpear o altar de Jesus com o punho irado!*" (v. 2194-2203) *Carolus Stuardus*: "Ele exigiu o penhor daquele que, com seu sangue,/ Lavou a culpa dos homens e lhes deixou os corações feridos/ Como monumento de sua dor e sinal de preciosa graça./ Ouçam que maravilhas aconteceram aqui:/ Quando Juxton abriu o livro da igreja para o ofício,/ O livro da igreja pelo qual o príncipe tanto sofrera,/ Pelo qual a Inglaterra e a Caledônia lutaram,/ Descobriu-se que a história justo para aquele dia/ Era a que escreveu Mateus e que o povo cristão conta/ De como o príncipe dos príncipes, ferido por seu próprio povo,/ Encontrava-se diante de seu juiz, marcado pelo chicote,/ Furado por espinhos afiados, e expirou na cruz./ O rei, que estava absorvido em pensamentos,/ Como se o bispo tives-

se escolhido a história para consolá-lo,/ Alegrou-se em seu espírito e pareceu renascido/ Quando Juxton pôs a página diante de seu rosto/ E mostrou que era o dia de ler aquilo./ *Foi reconfortante saber que Jesus, por meio do seu sofrimento,/ O julgasse digno de deixar o mundo no mesmo dia./ Seu espírito, renovando seu laço com Deus,/ Parecia mais aliviado.*" (ato V, v.100ss, grifos do autor.) Ambas as citações in: *Gryphius' Werk*. Org. Hermann Palm, Berlim, Spemann, vol.29, Berlim e Stuttgart, sem ano [1883-86].

3. *Leo Armenius*, in *Gryphius' Werk*, v.524, 540, 554.
4. Ibid., v.1.643-1.646.
5. Ibid., v.1.784.
6. Ibid., v.1.802-1.804.
7. Ibid., v.2.417s.
8. Ibid., v.2.496-2.498.
9. Ibid., v.1,129-1,131.

Racine: Fedra (p.112-116)

1. Os argumentos seguintes deste primeiro parágrafo seguem Th. Maulnier, *Lecture de Phèdre*, Paris, Gallimard, 1943.
2. Racine, *Fedra*, v.634-640. Ver também os versos seguintes. Eles são citados em francês pelo autor. [Os versos originais são: "*Oui, Prince, je languis, je brûle pour Thésée / Je l'aime, non poit tel que l'ont vu les enfers,/ Volage adorateur de mille objets divers,/ Qui va du Dieu des morts déshonorer la couche;/ Mais fidèle, mais fier, et même un peu farouche,/ Charmant, jeune, traînant tous les coeurs après soi,/ Tel qu'on dépeint nos Dieux, ou tel que je vous voi.*" (N.T.)]
3. V.284-288. Ver também os versos seguintes. Eles são citados em francês pelo autor. [Os versos originais são: "*En vain sur les autels ma main brûlait l'encens:/ Quand ma bouche implorait le nom de la Déesse,/ J'adorais Hipólito; et le voyant sans cesse,/ Même au pied des autels que je faisais fumer,/ J'offrais tout à ce dieu que je n'osais nommer.*" (N.T.)]
4. V.685-689. Ver também os versos seguintes. Eles são citados em francês pelo autor. [Os versos originais são: "*J'ai voulu te paraître odieuse, inhumaine;/ Pour mieux te résister, j'ai recherché ta haine./ De quoi m'ont profité mes inutiles soins?/ Tu me haïssais plus, je ne t'aimais pas moins./ Tes malheurs te prêtaient encor de nouveaux charmes*". (N.T.)]
5. V.290.
6. V.196-200.
7. V.768.
8. V.1.219.
9. V.1.238. Cf. Th. Maulnier, *Lecture de Phèdre*, p.103.

Schiller: Demétrio *(p.117-125)*

1. "Warbeck-Fragment" [Fragmento de Warbeck], in *Sämtliche Werke* [*Obras completas*], *Säkular-Ausgabe*, org. Eduard von der Hellen, Stuttgart, Cotta, 1904, vol.8, p.143.
2. *Schillers Demetrius*, org. G. Kettner, Weimar, Goethe Gesellschaft, 1984, p.109.
3. Ibid., p.204.
4. Ibid., p.94.
5. Ibid., p.125.
6. Ibid., p.28.
7. Ibid., p.108, 226.
8. Ibid., p.87, 219.
9. Cf. p.111 do presente ensaio.
10. *Schillers Demetrius*, p.100.
11. Ibid. p.206.
12. Ibid., p.155.
13. Idem.
14. Ibid., p.107.
15. Ibid., p.56.
16. Ibid., p.99.
17. Ibid., p.150.
18. Ibid., p.101s.
19. Cf. capítulo sobre *Otelo*, n.1, no presente ensaio.
20. *Schillers Demetrius*, p 205.
21. Ibid., p.167.
22. Ibid., p.120.
23. Ibid., p.205. Cf. a apresentação completa em Peter Szondi, *Der tragische Weg von Schillers* Demetrius [*O caminho trágico do Demétrio de Schiller*] (*Die Neue Rundschau*, 1961, Caderno 1).

Kleist: A família Schroffenstein *(p.126-132)*

1. Heinrich von Kleist, *Sämtliche Werke und Briefe* [*Obras completas e cartas*], org. H. Sembdner. Munique, Hanser, 1952, vol.1, p.118 (ato 4, cena 1).
2. Ibid., p.48s (ato 1, cena 1).
3. Ibid., p.53 (ato 1, cena 1).
4. Ibid., p.65 (ato 1, cena 2).
5. Ibid., p.128 (ato 4, cena 4).
6. Ibid., p.87s (ato2, cena 3).
7. Ibid., p.59 (ato 1, cena 1).
8. Ibid., p.95 (ato 3, cena 1).

9. *Heinrich von Kleists Lebensspuren* [*Vestígios da vida de Heinrich von Kleist*], org. H. Sembdner. Bremen, Schünemann, 1957, p.42.
10. Kleist, *Werke*, vol.1, p.137 (ato 5, cena 1).
11. Ibid., p.147 (ato 5, cena 1).

Büchner: A morte de Danton (p.133-139)

1. Georg Büchner, *Werke und Briefe* [*Obras e cartas*], org. Fritz Bergemann, Wiesbaden, Insel, 1958, p.27.
2. Ibid., p.50.
3. Ibid., p.80.
4. Ibid., p.56.
5. Ibid., p.374.
6. Ibid., p.35.
7. Ibid., p.69s.
8. Ibid., p.27.
9. Ibid., p.42.
10. Ibid., p.29.
11. Ibid., p.45.
12. Ibid., p.42s.
13. Ibid., p.9.
14. Ibid., p.41.
15. Ibid., p.36.
16. Ibid., p.34.
17. Ibid., p.67.
18. Ibid., p.33s.
19. Cf. também a carta de Büchner datada de março de 1834. Ibid., p.379.
20. *A morte de Danton* antecipa com isso o problema da morte trágica como se apresenta ao drama moderno. Cf., a esse respeito, Wilhelm Emrich, *Die Lulu-Tragödie* [*A tragédia de Lulu*] (p.233) e Beda Allemann, *Es steht geschrieben* [*Está escrito*] (p.425s), ambos em *Das deutsche Drama* [*O drama alemão*], org. Benno von Wiese, vol.2; o ensaio de Emrich também pode ser encontrado em *Protest und Verheissung* [*Protesto e promessa*], estudos acerca da poesia clássica e moderna, Frankfurt / Bonn, Athenäum, 1960.

Bibliografia de Peter Szondi

Theorie des modernen Dramas (1880-1950), Frankfurt, Suhrkamp, 1957.

Versuch über das Tragische, Frankfurt, Insel, 1961.

Satz und Gegensatz, Frankfurt, Suhrkamp, 1964.

Hölderlin-Studien, Frankfurt, Insel, 1967.

Celan-Studien, Frankfurt, Suhrkamp, 1973.

Lektüren und Lektionen, Frankfurt, Suhrkamp, 1973.

Schriften I, Frankfurt, Suhrkamp, 1978.

Schriften II, Frankfurt, Suhrkamp, 1978.

Die Theorie des bürgerlichen Trauerspiels im 18. Jahrhundert. Studienausgabe der Vorlesungen Band 1, Frankfurt, Suhrkamp, 1973.

Poetik und Geschichtsphilosophie I. Studienausgabe der Vorlesungen Band 2, Frankfurt, Suhrkamp, 1974.

Poetik und Geschichtsphilosophie II. Studienausgabe der Vorlesungen Band 3, Frankfurt, Suhrkamp, 1974.

Das lyrische Drama des fin de siècle. Studienausgabe der Vorlesungen Band 4, Frankfurt, Suhrkamp, 1975.

Einführung in die literarische Hermeneutik. Studienausgabe der Vorlesungen Band 5, Frankfurt, Suhrkamp, 1975.

Briefe, Frankfurt, Suhrkamp, 1993.

Este livro foi composto pela TopTextos Edições
Gráficas em Agaramond e Stone Sans e impresso
pela Geográfica Editora em maio de 2004.